Criar a un Niño Ansioso

La guía de los padres empáticos para manejar la ansiedad infantil desde el amor - Incluye 10 métodos para educar a los niños sin gritos ni amenazas

Alisa Ortiz

© **Copyright 2022 – Alisa Ortiz - Todos los derechos reservados**

El contenido de este libro no puede reproducirse, duplicarse ni transmitirse sin el permiso directo por escrito del autor o el editor. Bajo ninguna circunstancia se responsabilizará al editor o al autor por cualquier daño, reparación o pérdida monetaria debido a la información contenida en este libro, ya sea directa o indirectamente.

Aviso Legal

Este libro está protegido por derechos de autor. Este libro es solo para uso personal. No puede enmendar, distribuir, vender, usar, citar o parafrasear ninguna parte o el contenido de este libro sin el consentimiento del autor-editor.

Aviso de exención de responsabilidad

Tenga en cuenta que la información contenida en este documento es solo para fines educativos y de entretenimiento. Se han realizado todos los esfuerzos para presentar información completa, precisa, actualizada y confiable. No se declaran ni implican garantías de ningún tipo. Los lectores reconocen que el autor no está participando en la prestación de asesoramiento legal, financiero, médico o profesional.

Índice

Introducción 4

Capítulo 1: ¿Qué es la Ansiedad Infantil? 10

Capítulo 2: Causas principales de la Ansiedad Infantil .. 23

Capítulo 3: Cómo detectar indicios y síntomas de ansiedad en nuestros hijos 36

Capítulo 4: ¿Cuáles son los desórdenes de ansiedad infantil más comunes? 48

Capítulo 5: ¿Cómo se desarrolla la ansiedad social en los niños? 61

Capítulo 6: Efectos de la ansiedad sobre el desarrollo del niño como individuo 74

Capítulo 7: Estrategias empáticas para educar a un niño con trastornos de ansiedad 91

Capítulo 8: ¿Cómo reforzar la confianza y autoestima en un niño ansioso? 104

Capítulo 9: 10 Técnicas efectivas para lidiar con la ansiedad de tus hijos 116

Capítulo 10 : Relación entre la tecnología y la ansiedad infantil 132

Capítulo 11: Diferentes tratamientos para afrontar la ansiedad 145

Conclusión 156

Introducción

La ansiedad se define como un sentimiento lo suficientemente poderoso e invasivo, capaz de generar en el individuo sensaciones perturbadoras de intranquilidad, angustia y miedo. Un evento de ansiedad, impaciencia o incertidumbre; produce emociones de extrema tensión y de pesada inquietud. Todo ello podría ser producto de una reacción frente a ciertas y determinadas situaciones de estrés, algo que ha llegado a ser considerado hasta "normal", según la actual dinámica de vida y cotidianidad.

Ante un escenario rodeado de tantas alteraciones, la persona se sentirá agobiada; más aún si se encuentra inmersa ante una situación de dificultad, comprometedora; bajo presión o de expectación en su vida personal, familiar, laboral o profesional. Sentirse ansioso no es solo "cosa de adultos", en ciertas etapas o momentos durante el crecimiento y desarrollo del niño, pues este es susceptible a experimentar, y es propenso a vivir situaciones de ansiedad.

La depresión o estados de ansiedad que llegue a sufrir la madre durante el período de embarazo o aquellos que se pongan de manifiesto durante los primeros 12 meses a partir del nacimiento del niño, serán afecciones de interés clínico. Estas sensaciones o conmociones de depresión y ansiedad son capaces de afectar al bebé desde el mismo vientre de la madre, existe entre ambos una conexión única de sentimientos, aunque independientes; pero ellas están allí.

Desde muy temprano se generará entre la madre y el feto en formación, un vínculo importante durante todo su proceso de desarrollo, el cual será capaz de estrechar lazos únicos. Avanzando en el tiempo y creciendo con el niño, ya en una edad escolar; el hecho de que experimente un sentimiento de ansiedad, en ciertos momentos de su vida, es valorado como situación normal.

Pongamos como ejemplo, durante sus primeros años de educación preescolar; el primer día de clases. Bajo este contexto resultará válido que el niño sea invadido por la ansiedad al verse separado de sus padres y hermanos, aunque sea solo por unas cuantas horas. Igual se van a sentir papá y mamá. Esta sensación ansiosa podría llegar a convertirse en algo patológico si comienza a interferir y afectar en forma negativa las diversas actividades y labores diarias que como familia se deben cumplir.

De ocurrir algo así, con toda seguridad y expresa garantía, esto va a conducir al grupo familiar a dificultades, conflictos en los distintos ámbitos conyugales, sociales, académicos y profesionales en los que se desenvuelva. Como padres, debemos estar muy atentos a los distintos signos y señales que comiencen a aparecer en el temperamento, actitud o conducta del niño, los cuales estén apuntando hacia diversos trastornos emocionales.

Debemos estar alertas ante cuadros o rasgos de ansiedad presentes con cada vez más frecuencia, manifestando inusuales y ciertas alteraciones y perturbaciones en la conciliación del sueño. También una negativa o rechazo a participar en sus actividades académicas o temor a asistir a clases, negarse a formar parte de eventos o grupos deportivos, sociales y culturales, no querer ni desear participar en campamentos estudiantiles o formar parte en juegos con grupos de amigos.

De igual manera, mantenerse prestos a ser vigilantes si hay manifestaciones fisiológicas y físicas negativas como dolores intestinales, estomacales, vómitos, migrañas, sensación de extremo cansancio, comportamiento sumiso y ausentismo grupal. No es una tarea fácil, ni por demás sencilla para los padres; tener o contar con una elevada y alta capacidad de poder identificar si el niño está ansioso. Por naturaleza, los niños con rasgos de ansiedad suelen tener un buen comportamiento, tienden a ser tranquilos y son calmados; y por lo general, suelen ser complacientes y colaboradores.

Si los padres llegan a tener y considerar la más mínima sospecha de que el niño está presentando un comportamiento extraño, fuera de lo común y lejos de los patrones básicos y de convivencia establecidos en casa; es hora de acudir ante un psicólogo o especialista en trastornos de conducta que brinde orientación y apoyo a tiempo preciso e inmediato. Es necesario y un derecho, garantizar al niño una estabilidad emocional, conductual y actitudinal en el momento oportuno, a favor de su bienestar, desarrollo y crecimiento personal individual.

Cuando existe un trastorno de ansiedad, este se hace presente en esos momentos en los que se deba tomar una decisión importante tanto para un niño como para un adulto, por sencilla que sea; antes de cumplir con una tarea o asignación, previo incluso a un paseo en montaña rusa o nadar en una piscina. Un ataque de ansiedad llega sin previo aviso cuando el niño es sorprendido hasta por tomar una ruta equivocada o nueva en bicicleta.

La ansiedad en nuestros niños, está contemplada como una afección de tipo adaptativa, particularmente frente a situaciones y eventos que representen alguna amenaza, riesgo o peligro que pondrían la vida en coacción. Si estas vivencias se suscitan o suceden de manera reiterativa y con excesiva frecuencia, estarán muy cerca de convertirse en una delicada patología.

Existirán comportamientos o acciones que serán de gran utilidad para detectar si hay presencia de ansiedad en el niño. Fobias o miedos muy particulares, entre las cuales destacan la fobia a las actividades escolares y fobias a las relaciones sociales e interpersonales. Podemos también valorar el temor a separarse de vínculo o nexo familiar y un temor garrafal a afrontar situaciones consideradas riesgosas. Las preocupaciones constantes y exageradas en cualquier nivel de escenarios o fuertes crisis de angustia.

Un trauma por ansiedad o ella por sí misma jamás se manifestará en solitario, siempre vendrá acompañada de ciertas manifestaciones conductuales, actitudinales, físicas y cognitivas que merecen ser valoradas, consideradas y tomadas con toda seriedad y dedicación. Se hace necesario intervenir y actuar con inmediatez para atender a tiempo una condición clínica, de corte posiblemente terapéutico y/o psicológico; capaz de garantizar una vida saludable desde los primeros años del niño.

Existen diversos aspectos propios de trastornos por ansiedad en el niño que resultan ser menos invasivos y menos incapacitantes que se aprenderán a controlar o manejar adecuada o conscientemente. Son ellas las conocidas fobias simples; estas vienen representadas por fobias concretas como por ejemplo el miedo a los perros o temor a los ascensores, fobia a abordar un avión o hablar en público.

Son estas, algunas reacciones que pueden darse en cualquier momento, pero no siempre y a cada instante. Entendemos a la angustia como una condición latente en la subjetividad del niño que no ha sido aprendida, pero que puede ser atendida a tiempo, con la convicción de que una vida serena, tranquila y feliz es posible.

Capítulo 1:
¿Qué es la Ansiedad Infantil?

Entre la gran diversidad de emociones, sensaciones y sentimientos que llega a experimentar y vivir el individuo, tenemos la ansiedad, y de manera especial en cuanto a su importancia médica; la ansiedad infantil. Comencemos por definir a la ansiedad como básicamente como sentimiento de miedo e intranquilidad, con el poder de llegar a paralizar a la persona; sintiéndose, incluso, invadido por el pánico. Le sobrevendrán fuertes palpitaciones, sudoración y respiración entrecortada; producto de un ataque o evento de ansiedad.

La ansiedad es un trastorno y una afección que bien no podría desaparecer y sería capaz de empeorar con el transcurso del tiempo. Los síntomas de ansiedad interfieren abruptamente con las actividades a cumplir día a día, yendo desde la simple cotidianidad hasta comprometer las relaciones interpersonales, incluyendo el colegio y el intercambio con otros niños.

Hay ciertos tipos de trastornos por ansiedad, en breve, te compartimos algunos de ellos:

Fobia

El niño experimentará un miedo intenso ante algo que, quizás, para otro, no signifique ningún o muy poco tipo de peligro o miedo verdadero. Puede haber miedo a las alturas, estar en lugares muy pequeños, en medio de multitudes o incluso en algún evento del colegio, esta última; la ansiedad social.

Trastorno de ansiedad generalizada

Quienes padecen este tipo de sensación, viven diariamente angustiados y preocupados por situaciones comunes como ir al colegio, hablar en clase, no tener las tareas al día, contar con ropa limpia, tener que comer, enfrentarse a un compromiso. Su nivel de preocupación es excesivo, los padece a diario y le perduran hasta más de medio periodo anual, es decir seis meses de angustia diaria.

Trastorno por pánico

Los niños con este tipo de trastorno, sufren desagradables ataques de pánico inesperados. Este tipo de ataques son impredecibles, se manifiestan sin previo aviso. Se es víctima de un ataque sin ningún motivo aparente. Esto no se produce por estar frente a una situación extrema o de fobia, simplemente se comienza a experimentar una extraña sensación de angustia, miedo, inquietud y aprensión, lo suficientemente desagradable como para querer huir de algo inexplicable. Sin saber, genera una avalancha de temores que desconcierta la serenidad y la tranquilidad del niño.

Hasta la fecha no se conoce, a ciencia cierta, qué es lo que con precisión produce y genera en el individuo, especialmente en los niños, los trastornos de ansiedad y ataques de pánico. Mucho se habla de factores genéticos, pero sin exactitud. También se especula sobre la biología y la química propia del cerebro; así como el estrés y el entorno familiar y socio-cultural dentro del cual se desenvuelve y convive el niño.

Pero a ninguno de estos aspectos, se les ha asignado el rol de responsable ante la aparición de estos trastornos o se les reconoce como posibles causas que den origen a esta condición emocional, capaz de alterar un estado de alegría, en un miedo repentino invasivo y transformador; que haga pasar a un niño de la risa al llanto sin un estímulo perceptible que los padres pudiesen abordar de manera inmediata.

La ansiedad representa una reacción variada y muy diferente de un individuo a otro, sin embargo; se encuentra estrechamente relacionada con el miedo o el temor frente a un evento nuevo. Se trata de un suceso desconocido o situación inédita de cuidado que tendría la posibilidad de causar en el niño una condición de cautela y cuidado, de cara a ciertas y determinadas circunstancias en su vida.

Habrá momentos en los cuales el niño responderá con una reacción algo exagerada al momento de encontrarse con ese algo desconocido o nuevo para él. Si por alguna razón o motivo no identificado, nos llegamos a tropezar ante un crecimiento del sentimiento de ansiedad o este trae delicadas e inesperadas consecuencias en el desenvolvimiento de la vida cotidiana y diaria del niño; se hace imperativo actuar responsablemente en la búsqueda de ayuda por parte de un especialista. Esto le permitirá identificar, canalizar y controlar emociones positivas y negativas, en vías a superar este difícil cuadro emocional.

Al igual que un adolescente, un adulto o un anciano; el niño se encuentra propenso a sufrir trastornos o ataques de ansiedad. No existe discriminación o preferencias, todos los seres humanos estamos expuestos a sufrir al menos una vez en nuestras vidas un capítulo de perturbación emocional de este tipo y característica. Existen algunos factores de riesgo propios de estos ataques y trastornos de ansiedad, sin embargo; los mismos pueden variar de un niño a otro.

La conocida ansiedad generalizada y las fobias han venido afectando mayormente a las mujeres;

mientras que la ansiedad social actúa por igual tanto en mujeres como en hombres. Esta estadística impacta en los resultados que se consideran en cuanto a trastornos y el género que las padece. La condición de crianza, formación, crecimiento y desarrollo no representan una causa, pues una variedad multicultural y racial es determinante, mixta y heterogénea, no llega en su totalidad a un mismo punto.

La educación y orientación de un niño asiático y es muy distinta a la de un niño americano. Sin embargo, existen ciertos rasgos y factores de riesgo muy generales para todos los estratos, niveles y culturas que convergen en los trastornos de ansiedad:

- **Aspectos de personalidad**: Ser tímido, introvertido, sumiso o retraído frente a nuevas situaciones o cuando tiene la oportunidad de conocer nuevas personas.

- **Situaciones traumáticas**: Casos de abuso infantil, maltrato, trabajo forzado u otro tipo de trauma durante su etapa de crecimiento formal entre los 0 y 7 años de edad.

- **Antecedentes familiares**: Casos de ansiedad en padres o hermanos que afecten a los niños más pequeños o situaciones de trastornos mentales.

- **Afecciones físicas**: Relacionadas con problemas fisiológicos, orgánicos y emocionales.

La ansiedad es un trastorno de impacto emocional, la cual se manifiesta y es, a su vez, identificable conforme a ciertos síntomas que podrán variar y ser diferentes en muchos casos. Dar entrada a pensamientos generadores de angustia y permitir creencias inquietantes, difíciles de controlar. Estas causan en el niño aprensión y tensión, afectando negativamente su vida cotidiana. Lamentablemente, estas sensaciones no desaparecen y tienden a convertirse en monstruos internos perturbadores que arrebatan la paz al niño.

Presencia de una sintomatología estresante, producto de latidos cardíacos intensos, fuertes y muy acelerados. Dolores de cabeza, tensión muscular, mareos y pérdida de equilibrio, además de una respiración pesada y deficiente. Cambios repentinos y bruscos en el comportamiento y temperamento del niño, tratando a toda costa de evitar encuentros y reuniones sociales, como compartir con grupos de amigos o nuevos conocidos.

El consumo o administración de ciertas sustancias, cafeína o determinados medicamentos, podrían ser un gran factor a favor de la ansiedad y sus síntomas, complicando la calidad en los inicios de la vida del niño. A la ansiedad se le conoce y cataloga como una reacción de miedo y temor de cara a lo desconocido o frente a una situación nueva, nunca antes vista o vivida, y que puede permitir que el niño se mantenga circunspecto en determinadas circunstancias.

En muchas ocasiones, sin embargo, un niño sentirá la necesidad de reaccionar de forma exagerada ante aquello que no conoce y no es capaz de identificar, en un encuentro con lo desconocido o lo nuevo. Si la ansiedad llegara a aumentar en modo exagerado y sin control, interfiriendo con la vida diaria del niño, es de vital importancia recurrir a medios clínicos que permitan encontrar los recursos y las vías más apropiadas para lograr aliviar esos miedos, angustias imprevistas y perturbadores.

Si es bien sabido que la ansiedad puede permitir que un niño permanezca cauteloso o en estado de alerta y seguridad ante ciertas y determinadas situaciones, también es cierto que puede llegar a convertirse en una verdadera dificultad cuando esta ya logra invadir e interferir en el desarrollo diario y cotidiano en el día a día y vida personal del niño. Cuando los padres se encuentran inmersos en este trauma que afecta a sus hijos de sobremanera, es importante no minimizar ni ignorar sus miedos.

Si para el adulto no representan ningún peligro ni amenaza; para el niño son reales y latentes, están allí y son su amenaza. Hacer a un lado las preocupaciones del niño, es abandonarlo en manos del peligro. Ofrecer acompañamiento, empatía y dar tranquilidad a un niño ansioso, es algo que él valorará inmensamente; pero si como padres nos acostumbramos y hacemos hábito en dar tal protección constante, serenidad frecuente y apoyo a cada momento, estaremos incurriendo en un delicado error.

Además de alcanzar que el niño se tranquilice, lo cual es lo que más aprecian ambos, es altamente probable que se manifieste un aumento de su trastorno de ansiedad. En la justa medida, en el niño que busque el respaldo de sus padres, la ansiedad será cada vez mayor y su dependencia se convertiría en un problema más serio. Estaremos, como padres, de esta manera; construyendo a un niño dependiente e inseguro, temeroso cada día más ansioso, que solo logrará superar escenarios de miedo y temor de forma momentánea, pero con la penosa garantía de que no estará sanando el núcleo del problema.

Podríamos asegurar que la ansiedad y el miedo van tomadas de la mano; sin embargo, es conveniente destacar que muy a pesar de que ambos sentimientos nos producen una reacción y respuesta de alerta o prevención, angustia y perturbación; una diferencia importante se destaca. El miedo representa una reacción normal ante un peligro inminente y verdadero, por ejemplo, encontrarse en medio de un terremoto en el centro de la ciudad.

El cuerpo y el individuo mismo, de inmediato, buscará cómo movilizarse para enfrentar esta amenaza real y concreta. Frente a un trastorno de ansiedad, por el contrario, ocurriría algo totalmente diferente. Este mismo individuo experimentará una sensación de peligro como respuesta a la sensación de encontrarse en una ciudad donde hace unos días, meses o años atrás; sucedió un terremoto. Aunque no esté pasando nada y no haya el más mínimo indicio de terremoto; su cuerpo reaccionará igual y de la misma manera como si este evento sismológico se estuviese dando.

Podemos señalar que la ansiedad se convierte en una verdadera carga problemática cuando provoca una reacción exagerada, cuando esta genera un malestar excesivo, cuando ella resulta difícil de controlar, cuando se prolonga durante un tiempo determinado y más aún, cuando provoca que el niño evite determinadas situaciones. En definitiva, cuando interfiere en el funcionamiento normal de la vida diaria del niño.

La evolución de la ansiedad y los miedos se van manifestando en la medida que el niño va avanzando en edad. Algunos miedos o temores junto a sensaciones de angustia y ansiedad son comunes y normales hasta una cierta edad temprana en el niño, estas mismas emociones irían desapareciendo gradual y periódicamente. Pongamos como ejemplo el caso de un niño pequeño, menor a 4 años, que pudiese tener miedo a personas extrañas y desconocidas; temer a los ruidos fuertes no identificados por él o miedo a ser separado de sus padres.

Entre los 4 y los 7 años aparecerán otros miedos, quizás más irracionales, como el miedo a los monstruos o fobia a los fantasmas. Progresivamente y condiciones emocionales normales, el niño tendrá la capacidad de anticipar angustias, ansiedad y hasta reconocer peligros inminentes. De no ser así, la atención y valoración por un profesional de la salud mental se hace vital.

Ahora bien, con la incorporación del niño al colegio; se producirá un fenómeno de identificación y personalidad del cual la mayoría de niños participa de forma inocente e involuntaria. El niño se comparará con sus demás compañeros del salón de clases y del colegio, situación que le podría generar ansiedad. También podrá sufrir miedos al equivocarse y experimentar momentos de ansiedad cuando, por ejemplo, se vea en la necesidad de dar respuesta a preguntas de la clase o tener que responder a un examen.

De esta manera, si un niño manifiesta miedo o temor por tener que dar respuesta a las preguntas que le haga el maestro, por no haber comprendido el tema o no haber entendido, su angustia y nivel de ansiedad son para él una aprehensión inminente y una perturbación. Esto se debe a que la probabilidad de que se equivoque es definitivamente real. Si el niño se encierra en el miedo a tener que contestar algo incorrecto, lo cual le genera preocupación al saber que su maestro desaprobará la respuesta; es una clara demostración y síntoma de ansiedad, por el solo hecho de suponer que el maestro se enojará ante un hecho que no se sabrá si será real.

El niño se basa en su percepción de lo que podría llegar a suceder, más no en la realidad. Comprendamos la ansiedad y sus efectos negativos en el desarrollo temprano del niño, sabiendo reconocer sus conductas, acciones y reacciones. Como padres, es importante ir entendiendo y conociendo a qué miedos, fobias, angustias, temores y situaciones turbulentas se enfrentan nuestros niños y el por qué de estas manifestaciones de preocupación y agitación.

Tal vez veamos que no son situaciones apremiantes o tan angustiantes como las concibe el niño, pero que están produciendo un cúmulo de sentimientos tumultuosos causantes de inseguridades y sumisiones que no le ofrecen paz en su diario acontecer y le comprometen en el normal desenvolvimiento de sus relaciones interpersonales.

Nosotros los padres que estemos observando conductas fuera de lo normal en nuestros niños, echemos un vistazo a la genética propia y a la de nuestros progenitores.

Revisemos qué tan ansiosos hemos sido, somos o pudiéramos llegar a ser. Si somos padres ansiosos y lo demostramos, las probabilidades de tener hijos ansiosos serán lo suficientemente altas como para prestar mayor atención. Los niños pueden heredar y hasta aprender un temperamento ansioso, esto podría resultar en una ansiedad más intensa y menos controlada.

Un padre ansioso podrá transmitir más ansiedad a su hijo frente a un escenario de fobia que afecte al niño y agite al padre. Son muchos los padres que en diversas ocasiones resultan terminar con mayor ansiedad, angustia y preocupación que la de sus mismos hijos. Un acto de sobre protección al niño, frente a un evento de fobia con seguridad, lo va a calmar, lo que no es conveniente es caer en una acción repetitiva de protección; pues no se le estará dando al niño la oportunidad de evolucionar actitudinalmente ante sucesos en los cuales deberá dar la cara y lograr superar.

La ayuda y atención de un especialista o terapeuta en rasgos de comportamiento, siempre será la pieza clave; como bien lo hemos dicho en líneas anteriores. La ansiedad no es agua que se seca sobre la tela, es algo que está en el interior del individuo, es un enemigo silencioso y discreto que actúa con libertad y en el momento que le plazca.

Hacemos hincapié en la importancia que tiene acudir y consultar a un profesional de la salud:

- Pediatra
- Médico
- Psicólogo
- Terapeuta
- Trabajador social

Si la ansiedad del niño presenta consecuencias que interfieran en su vida cotidiana, o si se producen en él malestares relevantes difíciles de sanar o aliviar, el soporte de especialistas es algo que no debemos dejar pasar bajo la mesa.

Capítulo 2:
Causas principales de la Ansiedad Infantil

En los momentos actuales mucho se habla sobre estrés y preocupaciones, angustias y temores, basándonos en el producto de los efectos económicos, políticos, hambre, guerras y situaciones familiares. Las relaciones negativas en el hogar y las familias disfuncionales generan la parte más pesada de la lista y más aún cuando se tienen niños. La pérdida de empleo de los padres, la falta de atención adecuada para cubrir la necesidad en casa, no tener la manera de garantizar los estudios de los hijos; la separación de los padres, salir en búsqueda de oportunidades a otras latitudes, etc.

Todo ello y otras causas más, son las responsables de los altos índices de angustia que sufren y viven un gran número de hombres y mujeres en nuestra sociedad mundial. Pero no solo los adultos son las víctimas de este mal emocional; a ello debemos agregar, muy penosamente, la creciente incidencia de niños ansiosos, quienes cada día engrosan la lista de pacientes psicológicos y de orientación actitudinal que requieren una ayuda médica inmediata.

Ahora bien, desde un punto de vista orgánico, fisiológico, clínico y social, resulta realmente normal que los niños en su período o etapa formal de los 0 a

7 años manifiesten miedo o ciertas fobias, como por ejemplo a ruidos fuertes, a los monstruos, a sufrir una caída en el carrusel; incluso a Santa Claus. Pero estos miedos y temores básicos irán desapareciendo a medida que el niño crezca y avance por todas las etapas del ser humano hasta llegar a envejecer.

Sus experiencias de vida le harán comprender y entender cada paso que le corresponda protagonizar en la dinámica vivencial. Él, aprenderá a controlar sus miedos, temores y fobias; incluso hará todo lo humanamente posible en aprender por sí mismo, como manejar el estrés y hasta la ansiedad. Sin embargo, no todo ni en todos los casos funcionará así. Por fortuna, existen expertos en salud y conducta que serán el apoyo y recurso para afrontar esta condición.

Cuando hablamos sobre si el niño padece trastornos de ansiedad, sufre de miedos a una determinada serie de situaciones o siente diversas fobias, a menudo los padres o los adultos tienden a calificar estos eventos, como miedos imaginarios o excesivamente exagerados. Todo ello, en comparación con su situación y apreciación subjetiva de su realidad. Pero es así, el niño vive con ansiedad y teme a lo más mínimo, y no solo por su inocencia, ya que se trata de una condición emocional adquirida bajo diversos factores o como parte de una conducta aprendida, pues muchas veces los padres, si querer; enseñan al niño a ser ansioso.

Mucha atención con la ansiedad, esta puede llegar a convertirse en un verdadero problema existencialista, un enemigo poderoso; mucho más aún si esta interfiere contundentemente con el funcionamiento y desenvolvimiento cotidiano en la vida del niño, ocupando un espacio importante en su quehacer y existencia misma. Por lo tanto, es imperativo transitar los canales que nos permitan encontrar los recursos para, de esta forma, dar con las herramientas y estrategias apropiadas que nos garanticen la tranquilidad de sus emociones, suprimiendo o minimizando las negativas que, en definitiva, solo alejan al niño de una vida normal, estable, alegre, sana y saludable.

No olvidemos que la ansiedad es una emoción normal y muy común, la cual experimentamos en esos momentos que, por alguna razón y producto de una motivación subjetiva o externa, nos sentimos en condición de riesgo, frente a un peligro o ante una amenaza inminente. Si la ansiedad es desproporcionada al estímulo y muy prolongada, es anormal.

La ansiedad en el niño, como también en el adulto, se puede hacer presente en cualquier momento y bajo indefinidas circunstancias. Solo basta con sentir o creer que algo malo o peligroso está por suceder, que se está en presencia de una situación o evento de riesgo, capaz de comprometer la integridad física y hasta la vida misma del niño. Se tiende a asociar o relacionar a la ansiedad con el estrés, y estos son sentimientos, aunque inquietantes; diferentes.

Ambos presentan síntomas comunes como, por ejemplo:

Sensación de miedo y sentimientos de preocupación, respiración entrecortada y ritmo cardiaco acelerado, como también tensión muscular. Al estrés y a la ansiedad se le suma otro sentimiento de agitación emocional: El ataque de pánico. Estas tres afecciones tienden a ser confundidas, conectadas como un todo, cuando, en realidad, cada una tiene sus propias condiciones, causas y efectos; muchos de ellos, bastante similares. El ataque de pánico es, en sí, un trastorno del pánico.

La ansiedad, por lo general, es la cohesión de una percepción con una situación o evento en particular. Un ataque de pánico ocurre sin la necesidad de que exista un desencadenante aparente o preciso y sus síntomas son mucho más intensos que los registrados por los trastornos de ansiedad. Ahora bien, si en la vida del niño los niveles de ansiedad se mantienen de manera prolongada, habrá grandes posibilidades de desarrollar otros problemas e inconvenientes de salud que afecten su bienestar.

Antes de abordar cuáles son las posibles causas generadoras de la ansiedad, prestemos atención a algunos datos básicos sobre la ansiedad y los síntomas que por lo general tienden a ser los más comunes:

- Un ataque por trastornos de ansiedad suele involucrar miedo a que ocurra un suceso negativo, situación apremiante o problema específico.

- El trastorno por ansiedad viene acompañado de intranquilidad y perturbación

- Se evidencia una alteración de la frecuencia cardíaca.

- Puede haber sudoración excesiva y experimentar manos frías.

- La respiración se puede entrecortar, producto de la alta frecuencia cardiaca; se podrá hiperventilar.

- Un ataque de pánico es muy diferente a un trastorno por ansiedad, en todo caso, este también podría presentarse tal cual como un episodio de ansiedad.

Por el simple hecho de tratarse de un niño que de pronto vemos llorar o asustarse sin ningún motivo aparente para un adulto; no debemos ignorar o dejar pasar este episodio por alto, y si esto ha sucedido repetidamente; más atentos debemos estar. No caigamos en el error de minimizar este momento tan turbulento para el niño, al igual que un adulto; él también tiene sus miedos, unos más ingenuos e inocentes que los de sus mayores.

Muy posiblemente nos encontremos frente a un caso de ansiedad infantil que se ha establecido en el niño, que pueda ser una conducta en proceso de aprendizaje; estar en sus primeras manifestaciones o tal vez ya sea un caso crónico y genético. El punto está en la atención que a toda costa debe ser prestada. Una asistencia a tiempo es la garantía de corregir una situación, sin que esta llegue a convertirse en un caso de mayores consecuencias.

Todo ello en favor a brindar tranquilidad al niño, para que este logre el aprendizaje necesario a como poder producir, desde su propio interior, las acciones apropiadas para generar confianza, seguridad y libertad, en todos los escenarios de su vida. Cuando tu hijo se encuentre frente a algo desconocido, con gran facilidad se podrá poner ansioso. Esto ocurre porque aún el niño no cuenta con la capacidad y no tiene la posibilidad de anticipar adecuadamente sus acciones ni cómo expresar sus emociones de manera asertiva.

Entonces, con todo lo visto hasta el momento; nos preguntamos ¿Qué produce la ansiedad?, y en efecto nos encontramos con que son varias las razones, muchas de las cuales ya han sido expuestas. Ellas nos hacen ver en forma básica como la ansiedad llega a la vida de los más pequeños de la casa. Veamos a continuación, las principales causas de la ansiedad en los niños.

Genética

Si se es un padre o una madre con trastorno de ansiedad, estarían dadas las posibilidades para que de esta unión pueda darse un hijo ansioso. Resulta muy probable que un niño herede un temperamento de ansiedad.

En medio de este entorno y con todas estas opciones, se pudiese vislumbrar un trastorno de ansiedad con mucha seguridad; situación que le hará mucho más difícil al niño, cuando este entre en un cuadro ansioso; calmarse con rapidez.

Padres ansiosos, transmiten a sus hijos su ansiedad mediante su comportamiento y manera de actuar. Al ver a su hijo ansioso, un padre puede volverse aún más ansioso, preocupado y nervioso, brindando protección al niño, aspirando calmarle y superar la situación.

Separación de sus padres

Un niño puede manifestar signos de ansiedad al momento de ser separado de sus padres, para él no cuenta ni el tiempo, o cuán lejos de sus padres estará, ni a cuál lugar se irán; para el niño lo realmente importante y valioso es estar con sus progenitores y no perderlos de vista ni de cercanía.

Un niño muestra signos de ansiedad por separación de sus padres a partir de los 8 meses de nacido, y este proceso con facilidad llega a sostenerse hasta los 18 meses de edad del infante. Instintivamente, él sabe que hay papá y mamá, dos seres que le acompañan, le cuidan, le protegen y le aman, quienes a toda hora están a su lado, su ausencia, el niño la sabe interpretar.

Miedos irracionales

Irracionales por apreciación netamente adulta. Para el niño estos miedos son muy significativos e impactantes. Por ejemplo, tenemos el miedo y la fobia hacia los monstruos y a ciertos animales que le perturban su tranquilidad, el terror a perderse en algún lugar público y encontrarse de pronto solo y sin conocidos a su lado o el miedo a las máscaras o antifaces.

Todo ello le inquietará y le generará miedos que deberá aprender a ir superando paulatinamente mediante la ayuda de sus padres y especialistas en áreas de salud mental y emocional.

Novedades o cambios significativos

Hacer frente a los cambios de por sí, ya es un proceso difícil de afrontar para muchas personas, jóvenes y adultos por igual. Un gran número de esta población ha manifestado su miedo y temor a los avances avasallantes de la tecnología, por ejemplo.

Un caso bastante común de ansiedad por cambios o novedades, lo encontramos cuando en una familia acontece el nacimiento de un nuevo miembro, un hermanito o una hermanita, luego la nueva guardería, nuevos amigos y un cambio de grupo de amistades; o cambiar de residencia y mudarse a otra zona.

También podemos citar las discusiones y los conflictos en el hogar, una separación conyugal o el viaje de alguno de los familiares a un lugar distante, la muerte de un ser amado o la primera visita al dentista. Todas estas situaciones son capaces de provocar ansiedad temporal por novedades o cambios significativos.

Falta de pautas y reglas

Si el niño crece bajo un régimen alimenticio deficiente o una dieta baja en componentes básicos, y sumado a ello tiene un sueño interrumpido o duerme poco y mal; se está exponiendo claramente a una situación de riesgo que le llevará a experimentar un trastorno de ansiedad garantizado. Una alimentación balanceada es vital para un desarrollo efectivo en el niño.

Esto le ayudará para su concentración y así mantener un organismo y una estructura ósea y muscular firme, además de enriquecida con los minerales, proteínas, carbohidratos, etc. necesarios para el cuerpo y su debido funcionamiento. De igual manera, el niño debe recibir orientaciones de conducta y actitud, pautas e instrucciones a seguir. Todo ello con el propósito de garantizar un comportamiento y relación interpersonal adecuada a cada ámbito en el cual interactúe.

Vivir con ausencia y falta de normas, reglas claras y concretas, fundamentadas en patrones de sana convivencia y conducta, también puede ayudar a construir una poderosa fuente de ansiedad. Un niño siempre necesitará ser orientado y dirigido con pautas y reglas para sentirse seguro, desarrollarse sanamente; logrando de esta manera sentirse amado, protegido y saludable ante la vida.

Sobre protección

Para la gran mayoría de padres, cuidar y proteger a sus hijos es una tarea que no tiene precio, su esmero es desmedido y su entrega total, cuidar de ellos es una muestra más de amor. Como padres se debe ser muy prevenidos y evitar en la medida de lo posible no caer en el error de sobre-proteger al niño pequeño.

Esta condición de cuidador excesivo puede traer como consecuencia una disminución de la confianza en sí mismo y hacer que, en algún momento o evento futuro, el niño se sienta ansioso y no pueda controlar las cosas por su propia cuenta. Esta dependencia del padre cuidador excesivo le puede ocasionar estancamiento, aumento de sus miedos y evidentemente; una gran desconfianza e inseguridad.

Acontecimientos en el entorno del niño

Un suceso de cualquier índole podrá quedar grabado en la memoria del individuo para toda su vida, este hecho puede ser negativo o positivo, la persona no lo olvidará conforme el nivel de impacto que le haya causado. Por ejemplo, y yéndonos al caso del niño, consideremos el hecho de que ha experimentado una mala situación; él con toda seguridad estará muy atento, pendiente y preocupado de que vuelva a suceder lo mismo cada vez que se encuentre en el mismo lugar o en una situación similar.

Tal es el caso de haberse resbalado en el baño, a partir de entonces tendrá miedo o temor del agua, o que haya sido mordido por un perro; el niño tendrá miedo a los perros, y se horrorizará cuando se encuentre cerca de algún can, sin importar tamaño y lugar. Ambas situaciones representan riesgo para su integridad física. Muchos acontecimientos en el entorno del niño merecerán ser tratados de acuerdo al impacto y sentimiento de transferencia que se mantenga latente en la dinámica diaria y desenvolvimiento social.

Altas exigencias y demandas al niño

Así como al niño se le fijan pautas e instrucciones que debe cumplir, de igual manera él debe ser responsable con los compromisos adquiridos y respetuoso, ante todo. No quiere decir esto que a un niño se le va a saturar de órdenes y un sin número de obligaciones, tomar este tipo de actitud hacia un niño solo podrá hacerlo sentir incómodo, inadecuado, saturado y hasta preocupado por no tener la capacidad de cumplir con todo en los tiempos exigidos.

El niño podría experimentar o incrementar sus niveles de ansiedad por el simple hecho de necesitar satisfacer lo que se le ha exigido. El hecho de imponer altas exigencias y demandas al niño, le ocasionará un sentimiento de angustia, por miedo a no cumplir, no agradar, equivocarse o no hacer todo bien; esto acentuará su nivel de ansiedad.

Abuso y abandono

Toda una serie de necesidades básicas deben ser facilitadas y proporcionadas al niño, las cuales deben verse satisfechas y con miras a otorgar paz, tranquilidad, alegría y salud. Además de sus necesidades propias, comenzando con el derecho a la vida y al igual que todo ser humano, estas deben ser cubiertas; citando la Pirámide de Necesidades de Maslow que tiene en su base respiración, alimentación, etc.

El niño tiene la necesidad de protección física y de sostener excelentes relaciones afectivas, necesidad de comunicarse y formarse. La falta de satisfacción de estas y las muchas otras necesidades básicas en el niño y la agresividad a la que pueda ser sometido, son situaciones que generan ansiedad en un niño, por abuso a su integridad y abandono a sus necesidades.

Capítulo 3:
Cómo detectar indicios y síntomas de ansiedad en nuestros hijos

Aunque definitivamente no se trate de una tarea fácil o sencilla de realizar, existen una serie de signos, señales, síntomas e indicios que nos indican que algo en la conducta, temperamento y comportamiento del niño está funcionando fuera de lugar. Por lo menos no está cumpliendo ni está asociado con los patrones básicos de socialización establecidos tanto por el núcleo familiar como por el entorno socio-cultural.

He allí la importancia de mantener contacto y supervisión constante hacía el niño, supervisión de sus actividades y compartir momentos de conversación, recreación y socialización. Esto servirá como herramienta infalible y fundamental para caminar a la par con su desarrollo cognitivo del niño y consolidar la conexión entre padres e hijos; conociendo un poco más sobre sus procesos mentales, amplitud de su lenguaje y técnicas de memoria.

Como padres, debemos ser muy cuidadosos y cautelosos en la medida que se observe alguna reacción nueva en el comportamiento del niño. En muchas ocasiones habrá síntomas imperceptibles que, en lugar de orientar a los padres, podría causar confusión o encaminarlos en la ruta no ajustada a la situación.

Tengamos presente que tanto el miedo como las fobias, el pánico y el estrés tienen en común un conjunto de síntomas que también se manifiestan en la ansiedad; seamos cuidadosos en no confundir y suponer que toda alteración emocional es solo ansiedad. En ella, la ansiedad, los miedos irracionales son un síntoma clave. Todas estas emociones mencionadas anteriormente producen inquietud, agitación, aceleración cardiaca, respiración entrecortada, inestabilidad, sudoración excesiva; entre otros.

Si ante un suceso inesperado, como por ejemplo, una tormenta, el niño reacciona de la misma manera cuando ve a un payaso, entonces; atención. Ya no solo se trata de un caso irracional, se debe ir más a fondo e indagar cuanto sea necesario. Es importante interactuar con el niño. Hablar, jugar y compartir sus series favoritas de TV, conocerlo. De esta manera, los padres podrán contar con una guía o tipo de patrón conductual que de manera automática activará una alarma en el preciso momento que algo diferente ocurra, habrá una señal que por sí sola dirá "¡Atención!".

Existen tres tipos de señales que nos ayudarán a detectar la ansiedad en nuestros niños:

- Señales emocionales
- Señales físicas
- Señales conductuales

Señales emocionales de ansiedad en el niño

Estratégicamente, un niño se valdrá de sus cualidades y facultades para captar la atención de otras personas, en especial la de sus padres. Una de estas habilidades es el llanto. Ahora bien, si estamos en presencia de un niño que llora demasiado; tenemos allí una señal de interés a considerar.

El llanto repetitivo y sin causas aparentes es un signo de gran valoración. Si el niño se muestra susceptible, emotivo y muy sensible, es momento de atender este conjunto de sentimientos que podrían llevarlo a una tristeza incomprensible y hasta experimentar depresión.

La manifestación de enojos, irritación, berrinches y rabietas que exprese con facilidad y cada momento, sin que haya existido una razón o motivo claro, necesita ser visto como un indicio de importancia para saber si estamos frente a una manifestación involuntaria de ansiedad en el niño. En ocasiones el niño esquivará o evitará tener que cumplir tareas o compromisos personales, familiares y escolares, no por negarse o querer hacer las cosas; se rehusará por temor a cometer errores, incluso por pequeños que estos sean.

Si el niño ha experimentado un episodio de ataque de pánico, se le debe prestar la atención emocional y profesional requerida. Si se le ve inquieto por miedo a caer en un evento altamente estresante, se está predisponiendo a una situación de extremo estrés, aunque esta aún no exista.

El niño ya piensa en los múltiples compromisos que debe cumplir para cuando sea un adulto, más en su futuro cercano. Es cuando comienza entonces a mostrar altos niveles de preocupación sobre las cargas, tareas, compromisos y la diversidad de situaciones que deberá afrontar y ocurrirán para cuando comience sus estudios en la secundaria o en la universidad, cuando todavía está en tercer grado de la primaria.

El niño se angustia intensamente, se siente abandonado, tiende a preocuparse y se llena de mucho temor cuando por alguna razón, incluso rutinaria; es dejado en algún lugar sin sus padres. Por ejemplo, en la guardería, en la escuela donde va todos los días, en la casa de los abuelos o con algún otro familiar.

A la hora de dormir, se le dificulta conciliar el sueño, experimenta parálisis del sueño, este es muy interrumpido por frecuentes pesadillas las cuales, una y otra vez, se refirieren al mismo tema; perder a uno de sus padres o a un ser querido. Noches de interrupción, sin descanso y de mucho insomnio, le alteran su estado anímico y esto a su vez le lleva a ser un niño irritable, cansado y agobiado.

Señales físicas de ansiedad en el niño

Debemos estar atentos ante la manifestación de manera inesperada, quejas por dolores estomacales o dolores de cabeza, sin que exista una causa clínica o condición asociada a estos malestares. Es prudente mantener una estrecha relación con la maestra y supervisar que el niño haya hecho su merienda, así como haber tomado su comida junto a sus compañeros y en el horario establecido, velando que su convivencia escolar sea cordial y saludable.

Observar si se niega a utilizar baños fuera de casa, sus necesidades fisiológicas se deben satisfacer en su momento. En viajes o salidas largas, no usar otras salas de baño bien podría ocasionar daños físicos en su organismo. Se le observa siempre enérgico, activo, incansable; incluso inquieto, como también distraído y no cumple con ciertas asignaciones y a la par se le ve pensativo y en otros momentos sumiso y aislado.

Si el niño se encuentra en una situación comprometedora o apremiante y comienza a presentar sudoración en exceso y temblor en cuerpo y extremidades, necesitamos brindar atención y observar qué tipo de emoción generó esta señal. El niño constantemente se le ve presionando sus manos, tensando sus brazos, mordiendo con mucha fuerza, buscar manera de llevarle a la calma, liberar tensión y analizar el evento para tratar de encontrar la causa de esta reacción.

Acostumbrado a que el niño duerma tarde ya como rutina, no justifica que la mayoría de sus noches sean de insomnio y tampoco haga alguna siesta. Se necesita velar que el niño no presente dificultad para conciliar el sueño o que, por el contrario, permanezca dormido en exceso. Estar atento si el niño se niega a ir a la cama en el momento que le corresponda, le inquieta dormir, no apaga la luz mientras trata de conciliar el sueño y tiene pesadillas con frecuencia. Reacción excesiva y recurrente a rechazar grupos de amigos y compañeros para jugar a solas o quejarse en solitario.

Señales conductuales de ansiedad en el niño

Constantemente, se hace una serie de preguntas sobre si algo llegara a pasar en la casa, en la escuela, en el parque o en cualquier otro lugar. Siempre dirá cosas como "¿y si...?". Refiriéndose a si ocurre un terremoto, si se cae un avión, si un edificio se derrumba, si llueve, etc. En su mente siempre estarán dando vueltas las mil y una inquietudes sobre qué cosas podrían suceder en el momento menos esperado. Y más se podría estresar, cuando ve en la televisión, que hubo otro terremoto en alguna ciudad importante. El niño mantendrá esa angustia en sus pensamientos sobre futuros acontecimientos. Atentos a los "¿y si...?".

El niño evade y hasta se rehúsa a participar en actividades del colegio y en el salón de clases. Se aterra cuando le corresponde hacer una presentación solo y no interviene a preguntas de la maestra, aunque conozca las respuestas. No le gusta participar en los diarios períodos de círculo y evita sentarse en grupo para jugar, comer y merendar. Prefiere aislarse, hará pocos amigos o no los tendrá y cuando mucho, accede a su maestra al ver quizás en ella una figura o imagen materna.

La escuela no es su mejor opción para estar lejos de casa y separado de sus padres. Con ansias espera la hora de retornar a su hogar, su único y verdadero refugio. Es silente, reservado, sumiso, poco comunicativo, evita levantar su mirada, no es participativo y se le aprecia muy preocupado cuando se espera de él un trabajo en equipo junto a sus otros compañeros. Se siente obligado a hacer un canto común, no es espontáneo y no se ofrece para actuar en alguna sesión teatral o baile infantil. En resumen, se muestra bastante distante.

Se niega a salir de casa para ir a la escuela y no quiere separarse de sus padres. Esta es una rutina de estrés diaria que bien podría estar acompañada de mal humor, angustia o llanto. Todo ello a pesar de la motivación que le imparten sus padres de lo grandioso que es estudiar, hacer nuevos amigos y aprender algo nuevo y edificante. La situación se torna irritable, incluso para los padres.

Como ya se ha dicho y es necesario volver a mencionar, una señal importante es que el niño en la escuela siempre se queda solo o busca la manera para separarse del grupo durante los minutos de recreo sin ánimos de jugar, y a la hora almuerzo prefiere comer lejos del grupo o sencillamente no come, evadiendo ser parte de otro evento grupal.

Prescinde de los entornos sociales con sus otros compañeros, para él basta con estar en el lugar, ya que no le motiva ni le inspira ser o formar parte de círculos sociales o grupos de amigos en la escuela, en fiestas de cumpleaños o actividades fuera de casa ni en el colegio.

Es muy inseguro, por tal motivo siempre va a necesitar y estará en la búsqueda de que sus acciones, tareas y compromisos constantemente tengan la aprobación por parte de sus padres, por sus cuidadores, por sus maestros y por los amigos que puede tener. El niño podrá ser muy inteligente, capaz y creativo; pero en todo momento necesitará un sí o una conformidad por parte de un tercero.

Una oración será expresada una y otra vez, la repetirá con frecuencia y ante cualquier circunstancia dirá: "¡no puedo hacerlo!" sin por lo menos intentarlo; se deben poder ver las posibilidades o comprender que si es posible lograrlo. Como padres, habrá que trabajar ese "no" fuertemente y con insistencia para tratar de convertirlo y transformarlo en un sí.

El niño tendrá constantes crisis emotivas y angustias. No le inspirarán las relaciones sociales, se inclinará a permanecer a solas y vivirá conforme a su mundo interior, aunque necesitando ser atendido, cuidado, protegido y amparado por sus padres. Tratar de entender la ansiedad en el niño y buscar la manera de conocer cuáles pueden ser las causas o indicios que la originan, es el primer paso que todo padre puede dar para ayudar. Es muy importante observar el comportamiento y relaciones interpersonales del niño con detenimiento.

La invitación es a tomar notas de sus momentos y eventos resaltantes, con lo cual el padre y la madre, cuidadores y maestros, podrán ir descubriendo ciertos y determinados patrones de conducta.

Podemos llevar un resumen y registro de aquellas manifestaciones de ansiedad que estén afectando al niño. Es importante saber que todos los niños, de vez en cuando, son ansiosos e inquietos por naturaleza. Son creativos e intranquilos.

No necesariamente se les debe catalogar como pacientes con trastornos de ansiedad por este solo hecho. Todo ello y estas manifestaciones de conducta irán cambiando en la medida que el niño vaya creciendo y alcanzando su adultez. Ahora bien, si el niño está dando sus primeros pasos y ha iniciado su etapa de formación y relación socio-cultural, bajo condiciones de pensamiento y aprendizaje fuera de las normas y condiciones básicas conforme a su edad y en circunstancias diferentes, de estrés y angustia; estamos frente a un caso propenso de ansiedad.

La evaluación de conducta es un recurso que está ajustado y diseñado para saber y tener los diagnósticos precisos que permitirán determinar si el nivel de ansiedad en el niño es el típico y apropiado a su etapa o si, por el contrario, es un motivo de preocupación que deba ser atendido con más prioridad. Estamos en el deber y compromiso de ayudar a que nuestros niños a que superen y venzan sus temores, controlen sus miedos y derroten la ansiedad. De esta forma los estaremos motivando a generar mayor confianza en sí mismos y a saber cómo afrontar y manejar los obstáculos que en un futuro se les puedan presentar. Estaremos garantizando salud y vida sana.

Conviene que tanto padres, representantes como responsables; nos tomemos con total seriedad, responsabilidad y compromiso, los temores, angustias e inquietudes de nuestros niños; expresándoles y manifestándoles confianza y seguridad en todo momento. Hagámosle ver al niño y recordémosle sus logros alcanzados, las metas y éxitos que ha logrado, haciéndole ver las estrategias y herramientas utilizadas para llegar al logro, luego; y basados en esos logros; ir diseñando y elaborando nuevas destrezas y habilidades que garanticen su efectividad frente a nuevos retos.

Una clave para superar situaciones de ansiedad sobre aspectos sociales como ir a fiestas, se puede ir manejando haciendo juego de roles con el niño para su confianza y disfrute; como por ejemplo hablar sobre todos los aspectos positivos que tuvo aquella fiesta en la cual el niño se divirtió y disfrutó. Lo bien que la pasaron comiendo aquel rico pastel y lo entretenido que fue el momento de abrir los regalos.

Es preferible tomar este papel, que recompensarlo con helado y no llevarlo a la fiesta, aquí la contribución se está haciendo a favor de la ansiedad y no en superarla, ya que estamos reforzando su temor a socializar. Seguramente el niño disfrutará su helado y lo comerá con todo gusto, más "tranquilo" por no haber ido a la fiesta, pero no está afrontando ni superando sus temores o angustias; estás en todo caso se estarán reforzando, haciéndose más poderosas.

¿Qué hacer si ese cúmulo de temores se desborda? Entonces, sepamos, entendamos y aceptemos que un trastorno de ansiedad no se supera con obsequios, regalos ni con ningún tipo de recompensas. Los padres, cuidadores y maestros deben tener en cuenta y considerar que, si se observa en el niño alguna reacción fuera del común denominador sobre conducta, comportamiento y actitud; se debe considerar la posibilidad imperativa de buscar ayuda profesional, médica o terapéutica inmediata tanto para el adulto como para el niño, figura principal y fundamental para la atención del trastorno de ansiedad.

La intención, como padres o profesionales de la salud, es hacer todo lo posible en saber y poder identificar qué aspectos de la vida pudieran estar afectando y originando en el niño, trastornos de ansiedad. Estos pueden ocasionar efectos negativos en su crecimiento, desarrollo y formación tanto social, académica como humana.

Capítulo 4:
¿Cuáles son los desórdenes de ansiedad infantil más comunes?

A los trastornos de ansiedad se les considera y cataloga como una serie de afecciones clínicas y condición mental particular usual que se manifiesta de diferentes maneras y formas, a través de fobias, temores, angustias, pánico y miedo, los cuales perturban de gran manera la dinámica de vida diaria y la estabilidad emocional del individuo.

Muchos son los factores de carácter fisiológico, psicológico, biológico, social y ambiental que afectan al individuo y que a su vez favorezcan la aparición de este tipo de trastorno y condición personal. Aunque para muchas personas resulte frecuente que la ansiedad y sus trastornos se manifiesten en adultos, el niño también es víctima de este mal, que por fortuna puede ser atendido a tiempo, y que es posible canalizar, en vías de garantizar calidad de vida a quien los padece, sin importar género y edad.

Los desórdenes de ansiedad figuran como trastornos mentales de importancia médica, dentro de los cuales; y con mucha frecuencia los niños permanecen preocupados, intranquilos y angustiados por una colosal carga de situaciones y compromisos que, por su alto nivel de dificultad, no se sienten capaces de comprender, entender ni canalizar. Es tal su ansiedad que esta los supera y los domina, a un punto transformación actitudinal.

Sus sentimientos son alterados por este desorden de emociones, sus temores sobrepasan toda barrera y sus miedos llevan la batuta para frenar y detener sus acciones, haciendo de su vida un círculo al cual se dificulta acceder. Por ello la importancia que tiene la convivencia con el niño, escucharle y verle actuar frente a esas fuertes barreras limitantes que le congelan y no le dan espacio para dar un paso favorable a su condición de vida y a su cotidianidad. Un niño debe y necesita crecer con confianza, seguridad y estabilidad.

Son diversos los aspectos que determinan y describen a un niño ansioso, y que progresivamente le van construyendo un mundo diferente, con variantes a los niños de su edad o diferentes entre quienes crecen a la par dentro de un mismo período o contexto cronológico; y es la familia. Hemos visto que un factor principal y fundamental se basa en la formación y orientación que el niño recibe, esto; sin dejar de lado un probable elemento genético que, en caso de actuar, es inevitable evadir, hacer a un lado o ignorar.

En una familia donde los padres y miembros son ansiosos, emocionalmente alterados, en constantes diferencias y alteraciones de conducta, que aunado a ello tienen el compromiso de educar a un niño; le cultivarán esta parte de su diario vivir, garantizando en él una alteración en su percepción de cómo ser y actuar. El niño manifestará desórdenes de ansiedad, comenzando cambios en su aquí y ahora, presentará mucha tensión y con frecuencia gran preocupación por el quehacer de sus compromisos, cumplir obligaciones y llegar a feliz término de sus tareas.

El principal componente en los procesos de desórdenes de ansiedad que cabe identificar o mencionar, y que puede ser heredado y adquirido por el niño, es el estrés. Este sentimiento de tensión emocional representa una gran importancia física y subjetiva, la cual puede encontrar sus indicios en una situación de pensamiento excesivo o un escenario con la capacidad de generar, a su vez, una sensación de frustración o angustia. También el niño puede sentir rabia, enojo, enfado y muy mal humor. El estrés, muy habilidosamente, mantendrá una conexión extrema del cuerpo del niño con una condición de demanda, provocación o desafío, y que en lo absoluto; será beneficiosa para su mente.

La ansiedad afecta tanto en adultos como niños, sin ningún tipo de discriminación en cuanto a género, edad ni condición social y cultural. Solo en los

Estados Unidos, para tomar un ejemplo, se estima que existan aproximadamente más de 30 millones de personas, entre ellas niños de 0 a 17 años, que la padecen. Es alarmante tomar en cuenta, que todos estos individuos sufren diferentes tipos y formas de ansiedad.

Los desencadenantes, síntomas o desórdenes de la ansiedad son muy variados y difieren de una persona a otra, y aunque estos desórdenes pueden generar afecciones según sus características propias; todos convergen en un mismo punto: Interferencia en la vida diaria y desarrollo normal en las actividades familiares, sociales y académicas de los niños. Veamos a continuación, un poco más de cerca y en detalle, los cinco principales desórdenes de ansiedad que también afectan al niño, durante su proceso de lo que debería ser su sano crecimiento y saludable desarrollo:

Trastorno de ansiedad generalizada

Cuando notemos, estemos en presencia o veamos que en un lapso de tiempo ya próximo a los seis meses consecutivos el niño ha mantenido manifestaciones y eventos de ansiedad excesiva, con una clara elevada preocupación por situaciones que tal vez pudieran ser mejor manejadas y controladas de manera más sencilla a su corta edad y que no signifiquen una atención suprema y de extrema inmediatez, nos encontraremos en presencia de un probable o casi seguro caso de Trastorno de Ansiedad Generalizada (TAG).

En estas circunstancias, y viendo que el niño con frecuencia muestra cierto nivel de nerviosismo, angustia, inquietud y un fuerte cansancio, así como desánimo y falta de motivación e inspiración, su posibilidad de concentración será cada vez más difícil. Tendrá desagradables e intensos momentos de irritabilidad y se molestará fácilmente. Le invadirá una fuerte tensión muscular y tendrá grandes complicaciones para lograr conciliar el sueño y a su vez tener sueños perturbadores, pesadillas y hasta llegar a presentar apnea del sueño.

Bajo este cuadro de afecciones producidas por desórdenes de ansiedad, el niño vivirá con inseguridad y declarada necesidad de protección, así como apoyo y acompañamiento constante por parte de sus padres, en quienes tiene puesta toda su confianza y sentimiento de pertenencia sin ningún tipo de complicaciones ni rechazos. El niño que posee este desorden de ansiedad, rechazará participar en grupos y se negará a asistir a clases, por miedo a estar lejos de sus padres. Su seguridad y tranquilidad, está cerca de ellos y con ellos.

Trastorno de pánico

Un trastorno de ansiedad también produce una extraña sensación emocional turbulenta que llega de sorpresa y sin previo aviso, es como el sonido de las alarmas de un auto, que se activan sin encontrarse en riesgo. El ataque de pánico es como una avalancha de emociones y sentimientos repentinos, de terror y mucho miedo que siente el niño sin que exista un motivo supuesto de inminente peligro y que a su vez no logra explicar con exactitud.

El ataque de pánico puede causar que se aceleren los latidos del corazón, es probable evidenciar fuertes dolores en el pecho y una gran presión en el estómago. Sumado a estos desagradables síntomas y desórdenes fisiológicos y físicos, se encuentra una aguda dificultad para respirar. Cuando estamos en la presencia de un ataque de pánico en un niño, producto de los mismos desórdenes de ansiedad; este podría presentar mareos, fuerte y abundante sudoración, entumecimiento de sus manos, escalofríos y debilidad.

El niño con gran facilidad entraría en una fuerte fase de llanto lleno de temor y sensación de desvanecimiento. Una vez que pasa este desagradable episodio por ataque de pánico y el mismo es superado, logrando llegar a la calma; el niño expresará que sintió algo muy extraño en su mente y en su cuerpo, algo que era como si se fuese a desmayar.

Este aterrador desorden emocional deja una secuela de conmociones y predisposiciones muy desagradables grabadas en el subconsciente del niño que crece. Si no es atendido a tiempo y por un profesional capacitado en el área, vivirá con este desorden generador de otras más fuertes y delicadas condiciones de salud mental por el resto de su vida.

Trastorno obsesivo-compulsivo (TOC)

El niño también es susceptible de verse afectado por un desorden de ansiedad que le haga víctima por trastorno obsesivo-compulsivo (TOC). Este desorden es el responsable de causar una serie de comportamientos que quizás los padres podrán considerar como manías o rutinas normales en el niño. Pero tras una observación más minuciosa y notando que el niño ejecuta ciertas acciones bajo patrones repetitivos, es también señal de alarma.

El desorden de ansiedad por trastorno obsesivo-compulsivo (TOC), produce obsesiones, exigencias, coacciones frecuentes, perturbadoras e inquietantes, además de angustiantes. La provocación inconsciente de ciertos actos, es parte de este desorden tan abrumador. Repetir una y otra vez ciertos patrones de conducta, como cerrar la puerta una, dos y tres veces antes de salir de una habitación o entrar a todas partes, solo con el pie derecho. Estas son conductas obsesivas que abruman al niño sin quizás el saberlo, pero que paulatina y progresivamente le van erosionando en su manera de actuar, comportarse y vivir.

Todo ello estimula un impulso angustiante, incluso para la familia, al ver el desbordamiento de conductas reiterativas. Dentro de las obsesiones más comunes en todos los casos, tanto de niños como de adultos, tenemos: Miedo a superficies y lugares sucios, terror avasallante a los gérmenes y virus. Miedo inevitable a hacerse daño, sufrir alguna herida o lastimarse. El hecho de aferrarse a todas estas ofuscaciones, le facilitará al subconsciente del niño, la producción de pensamientos y tendencias que con plena seguridad serán esa gran berrera en el caminar de su vida diaria normal y común, acorde a su edad.

Por ejemplo, si el niño piensa y cree que a su habitación podrán entrar monstruo a la hora de dormir, muy factiblemente cierre su puerta con el cerrojo de manera repetitiva, y le produzca miedo salir de su habitación, Por lo general este desorden de la ansiedad en niños, suele ser heredado.

Fobias

La fobia es un tipo de desorden y trastorno de ansiedad, que genera un temor intenso a lo irracional ante aquello que para el niño significa un riesgo o peligro inminente y apremiante, pero que para el adulto es algo simple y de escaso interés. Son muchos los tipos de fobias existentes y que son sufridas o soportadas por millones de personas alrededor del mundo, sin dejar al niño, liebre de ella. Una fobia es un aborrecimiento o terror agudo a sujetos, circunstancias, situaciones u objetos muy particulares o puntuales.

Los niños que padecen fobias viven con mucha angustia y preocupación, lo cual les lleva a tomar sus propias medidas de seguridad que les garanticen mantenerse resguardados y protegidos, evitando de esta manera caer en el peligro que han interpretado y que llama a su puerta. Hemos mencionado algunas fobias que repetiremos, ya que se encuentran a la par con esta parte del capítulo. Por ejemplo; volar en aviones, navegar, estar en lugares altos, cerrados o muy pequeños, miedo a ciertos animales; incluso domesticados, así como miedo a las inyecciones y miedo a la autoridad o personas con uniformes y armas. Las fobias tienden a ser paralizantes e intimidantes.

El niño siempre tratará de evadir estos miedos y sus temores, evitando aquello que los pueda causar, pero en este combate se encontrará con una cascada turbulenta de pánicos y conglomerado de sensaciones negativas. Sabiendo que las fobias tienen sus inicios en la fase de la niñez y continúan en la edad adulta, aún no se comprenden a ciencia cierta cuáles son sus causas, pero de lo que sí se puede estar seguro, es que estas son hereditarias, así son adquiridas. Un tratamiento adecuado y estrictamente orientativo podrá ser de gran ayuda para superar fobias, como parte de los desórdenes de ansiedad en el niño, brindando a su vez un auxilio y asistencia a los padres.

La superación de fobias, por muy diminutas que estas puedan ser para otras personas; son un gran logro y representan una meta anhelada por el bienestar del niño. Una atención psicoterapéutica, orientación psiquiátrica, administración de medicamentos o el conjunto de ellas; podrán ser la salida de emergencia a este trastorno y desorden de ansiedad.

Trastorno de estrés postraumático (EEPT)

El conocido desorden de ansiedad o trastorno por estrés postraumático (EEPT), es una afección que sufren aquellas personas, niños y adultos, que hayan atravesado o vivido un evento o acontecimiento altamente traumático, como abuso a la persona, agresión física, guerra, grave accidente, catástrofe natural o persecución. Este desorden de ansiedad genera una serie de recuerdos de forma involuntaria con poder perturbador, impidiendo que el niño disfrute noches de tranquilidad y logre dormir bien.

Poseer o padecer desorden postraumático es motivo para manifestar trastornos de ira e intensos episodios de furia y sensaciones de mucho enojo. Es como llevar consigo un sentimiento de culpa irremediable, de mucha preocupación y a su vez, tristeza. El trastorno por estrés postraumático, puede tener una duración superior a un mes en la vida del individuo, y algunos de los aspectos determinantes de su presencia se destacan por ser pensamientos o recuerdos reincidentes, al igual que otros recuerdos del tipo desconcertantes y hasta sufrir pesadillas hasta en breves minutos de sueño.

El niño evitará visitar o acceder a lugares que él considere de riesgo y perturbación, evitará a otras personas como lugares que de alguna manera le evoquen cierto trauma. Su forma de actuar y comportarse será perturbadora e intranquila, como una actitud de hipervigilancia de cara a aquello considerado como amenaza, exageradas reacciones de sobresalto, insomnio y alta incapacidad para lograr la concentración, quedando en tela de juicio su comportamiento y afectando las relaciones en los entornos a los cuales pertenezca.

Las causas que generan los trastornos de ansiedad en el niño, resultan siempre difíciles de determinar o identificar, razón por la cual todas las afecciones serían atendidas erróneamente si no se procede a tiempo con el especialista. Preocupa mucho ver como las calles de grandes y hasta pequeñas ciudades, se ven colmadas de niños y niñas de la calle, quienes, al ser interpelados, reaccionan con cierta rebeldía para mantener su supremacía o con mucha timidez por miedos y traumas que han ido heredando por parte de quienes de alguna u otra manera les afectan la mayor parte del tiempo, en forma negativa.

El cuidado de nuestros niños también está en la calle, tanto para quien la habita como para el que la transita. Construyamos una civilización de empatía, apoyo y acompañamiento honesto y sincero. Que los desórdenes padecidos por nuestros niños, realmente sean de interés para todos y se logre brindar a todos por igual; momentos de alegría y paz que perduren para ir en vías de mejorar su condición y calidad de vida.

Identificar los orígenes y causas de un desorden por ansiedad, no es algo que se haga con facilidad o a la ligera, y que los padres pueden o deben diagnosticar por tan solo presentar uno de los muchos síntomas existentes. También algunas sustancias como el alcohol y ciertas ingestas medicinales son responsables de tales males emocionales. La familia constituye la base principal y fundamental que juega el papel de extrema preponderancia en la observación y seguimiento de la conducta, trato y relaciones del niño. La familia es el primer punto de contacto y conexión socio-emocional para el niño.

Capítulo 5:
¿Cómo se desarrolla la ansiedad social en los niños?

A pesar de que la ansiedad es una condición con grandes afecciones mentales y emocionales, la cual viene acompañada y representada por una variada y diversa cantidad de síntomas perturbadores y turbulentos que interfieren en el día a día y dinámica interpersonal del niño, también se le puede catalogar como un mecanismo o recurso de defensa.

La ansiedad podría ser considerada como un sistema de alerta de cara a esa serie de situaciones y eventos que el niño ansioso avizora como amenazantes y de alto riesgo. Para él, es la mejor manera de salir de ese círculo de peligro. La ansiedad funciona en muchos casos como un mecanismo también de protección, ante aquellos conflictos irracionales internos y externos que desconciertan al niño y le aturden. Aunque la ansiedad debe ser tratada para alcanzar una vida actitudinal más estable emocionalmente, al niño le funcionará; pues, aunque su ritmo cardíaco se acelere y su respiración se sienta pesada, él experimentará una extraña sensación de seguridad.

La ansiedad es un trastorno universal que con total seguridad lo sentiremos prácticamente todas las personas en ciertos o algún momento de nuestras vidas. Se trata de una condición realmente normal; lo interesante y por demás importante es la opción de adaptabilidad y manejo de la misma. La podremos controlar entendiendo sus manifestaciones, identificándolas y manejándolas de forma apropiada, logrando como responder al encontrarnos frente a una posibilidad de amenaza o peligro que necesitamos afrontar y superar.

La ansiedad tiene como función primordial, movilizar el organismo en pleno para activar en su sistema integral una condición de alerta máxima para su protección, cuidado y seguridad. Esto lo hace con el propósito de tener así, posibilidades de actuar ante riesgo y amenazas, de tal manera que se logre minimizar posibles consecuencias graves. La ansiedad nos impulsa a tomar la determinación de huir, adaptar, afrontar o neutralizar el inminente riesgo.

Cuando hablamos de riesgos, amenazas o peligros; nos referimos a la obstaculización y esa posible barrera emocional que el niño encontrará en reiteradas oportunidades. No queremos ni pretendemos desvirtuar o desviar el significado propio que define a la ansiedad, más sí hacer ver que desde una óptica un tanto positiva y constructivista.

La ansiedad trata de dar protección al niño o a la persona que la padece, cuando esta se niega a hacer algo que no desea o participar en alguna actividad que le representa inseguridad y desconfianza. Lo que el niño busca, tras sus síntomas de ansiedad, es estar mejor; pero con la conciencia paterna que esta ansiedad merece ser atendida y minimizada a más extrema expresión.

Si vemos a la ansiedad y la enfocamos como un mecanismo de adaptación del individuo y a su vez un recurso de protección, entonces esta sería muy normal, funcional, positiva, buena y no representaría así ningún tipo de problemas para la salud mental del individuo. Hablamos de un recurso propio del organismo estructurado para la autodefensa mental y emocional desde los primeros años de nuestras vidas. Hemos de aclarar que el individuo, en este caso el niño, con traumas o trastornos de ansiedad, debe ser atendido clínicamente.

La ansiedad es una afección; el niño no la entiende, este la considera su arma poderosa de protección, pero como evasiva a una realidad única y determinante: sus miedos irracionales.

Como ya lo hemos mencionado y conocemos por experiencia propia; alguna o una que otra vez, todos sentimos y vivimos momentos de ansiedad. Sin embargo, se han detectado casos en los cuales niños menores a siete años manifiestan grandes episodios de ansiedad, esta ha sido tan grave que se diagnostica como un trastorno, nada normal. Este diagnóstico en el niño, puede ser catalogado de trastorno, si el niño presenta fases de ansiedad irreal, ansiedad persistente, ansiedad evasiva.

Algunos de los tipos o clases de ansiedad que pueden ser diagnosticadas en los niños, son las siguientes:

Trastorno de ansiedad por mutismo selectivo:

Los niños que presentan esta condición de mutismo selectivo, pueden llegar a ser excelentes conversadores en la casa, pero no son capaces de hablar o establecer una comunicación verbal en grupos sociales, en un salón de clases o en cualquier tipo de entorno público. El niño con mutismo selectivo tendrá grandes dificultades para hablar en cualquier otro lugar que no sea su hogar.

Su ansiedad es tal, que va mucho más allá de la típica y tradicionalmente conocida timidez. Un niño con trastorno con mutismo selectivo, por más que lo desee o lo intente; no podrá hablar o pronunciar palabra alguna. Los padres, cuidadores y maestros deben estar muy alertas cuando comiencen a notar que el niño no puede ni logra hablar con ciertas personas o solo lo hace en el hogar.

De darse una situación como esta, resultará lo suficientemente probable que se encuentren y estén frente a un posible caso de trastorno por mutismo selectivo. Estas son señales, por lo general, pueden llegar a ser detectadas por los padres, a partir de los tres años de edad en el niño. Esta es también, a su vez, una situación o condición que, en una gran estadística de casos positivos, se ha logrado detectar cuando ya el niño ha dado inicio a su etapa escolar; el momento determinante para comprobar que el niño no se comunica convenientemente se evidencia cuando su voz es la gran ausente en todo tipo de encuentro o actividad.

Cuando a un niño se le observa que mantiene por lo menos más de un año sin haberse expresado a través de su voz con alguno de sus maestros, compañeros o con sus consejeros educativos, resultaría altamente probable que nos encontremos frente a un caso de trastorno por mutismo selectivo, el cual ha de ser comunicado a sus padres y referido a un especialista o terapeuta. Atendidos y dirigidos apropiadamente por los profesionales del área, esta condición se podrá mejorar.

Trastorno de ansiedad generalizada (TAG):

Se trata de un trastorno en el cual el niño manifiesta constante preocupación por la mayoría de las situaciones que giran a su alrededor y representan la mayor de su vida y rutina diaria, en particular. El niño diagnosticado y que padece este trauma de ansiedad generalizada (TAG) y que ya se encuentra en escolar, mostrará un nivel muy alto de angustia y preocupación por su rendimiento académico. De igual manera, este niño mostrará intranquilidad y zozobra por la cotidianidad en el hogar, de aquello que gira en su entorno y de cuanto conforma su ambiente.

Existen señales importantes que van a conducir hacia una apreciación o consideración especial sobre aquello que resaltará en la conducta y comportamiento de un niño, con indicios de cierta desviación con base en los patrones o fundamentos estándar de formación. Cuando el niño muestre signos de querer hacer todo exageradamente bien, buscando de ser posible el perfeccionismo, si manifiesta serias, reiteradas y constantes dificultades para lograr dormir, conciliar el sueño, sufre de pesadillas, tiene entre muchos otros síntomas un sueño interrumpido y siente que muchas cosas en su vida, está fuera de control, es factible que el responsable directo de tales perturbaciones tan precisas y específicas sea el trastorno de ansiedad generalizada.

Tengamos en cuenta que un niño con trastorno de ansiedad generalizada vivirá preocupado por ser perfecto, que todo se encuentre en la justa medida y estar a la altura de las más grandes expectativas. Él se va a preocupar prácticamente por todo, mucho más de lo que deberían preocuparse niños de su misma edad cronológica, incluso sus compañeros de clase.

Trastorno por pánico:

El niño que sufre trastorno de ansiedad por pánico, con total seguridad ya ha experimentado y ha protagonizado un ataque de pánico, lo cual debe figurar en su historial clínico. No nos reservemos la oportunidad de acompañar y estar de la mano con el niño sufre un ataque de pánico. Esto es como una gigantesca oleada que se viene indetenible sobre la vida del niño. Estamos hablando de una avalancha de síntomas aterradores, repentinos y sorpresivos que invaden al niño, haciéndole sentir más preocupación y angustia de lo normal.

El niño siente que se desvanece, no sabe explicar si es que está cerca de la muerte o está a punto de colapsar, tanto que creerá que va a perder la memoria. Quiere correr desesperado hacia ninguna parte, quiere huir, pero no sabe de qué. Percibe que algo le está ocasionando daño, pero no tiene la menor idea de qué o quién. Estar en shock a causa de este trastorno de ansiedad, es como colocarse unos auriculares donde sonarán todas las canciones del mundo en su propio idioma a la misma vez.

Tras este acaecimiento, un niño con trastorno por ataque de pánico sentirá todas las alteraciones corporales, físicas y orgánicas, cruzándose unas con otras, todo esto al mismo tiempo. Tratar la recuperación de este trastorno es viable. El niño que supera esta afección emocional, es todo un campeón; su lucha ganada es de uno vs. trescientos lotes de sentimientos perturbadores.

Trastorno por fobia específica:

Los niños diagnosticados y declarados clínicamente como poseedores del trastorno por fobia específica, son aquellos quienes tienen y expresan un miedo y un terror intenso a algo en particular, a una cosa en especial. Por lo general, este "algo" o "cosa" puntual, no suele ser amenaza de ningún peligro en lo real, pero al niño le causará un pavor incontrolable y extremo.

Será imposible dejar de tener esa fobia tan turbulenta mientras el caso no sea atendido. Por más imposibilitado que se encuentre el cuerpo de león disecado en un museo, el niño con fobia específica no sabrá entender que pasa. Él se sobresaltará y no será capaz de acercarse a una figura de la cual no puede dar fe de su estado inanimado. Para él, el riesgo está allí.

Mientras el niño que padece fobia específica no sea atendido por un profesional de la salud, vale mucho brindarle orientación y ayudarle a no sentir ni expresar miedo asociado a todo aquello que como tal no es motivo de angustia.

A continuación, veamos cuáles son los tipos más comunes, que sobre trastorno por fobia específica podemos mencionar, destacando que no los únicos, ni los determinantes:

- **Fobia específica del tipo Circunstancia / Situación**: Se trata de no hacer y evitar a toda costa aquello que alterará emociones y conducta. Por ejemplo, abordar un avión, atravesar túneles, cruzar un puente y navegar.

- **Fobia específica del tipo de ambiente natural**: Es la que se fundamenta en impedir situaciones como fuertes brisas y tormentas, vértigo y talasofobia, miedo intenso al agua, ríos y mares.

- **Fobia específica del tipo diverso**: Impedir que le invadan sonidos y ruidos estridentes. No soporta personajes disfrazados. Sufre de fagofobia, miedo a morir asfixiado y padece de emetofobia, pánico desproporcionado, a vomitar por temor a morir con solo hacerlo.

- **Fobia específica del tipo de Inyección / Lesión / Sangre:** Miedo a ser inyectado o a ver sangre.

- **Fobia específica del tipo animal:** Genera una evasiva o simplemente evitar insectos y animales.

Teniendo una noción básica de lo que son y que representan estos cuatro tipos principales de trastornos de ansiedad, adentrémonos entonces al tipo de trastorno por ansiedad que tanto inquieta y preocupa a los padres, maestros y cuidadores; evidentemente que los ya vistos son de suficiente preocupación, todos son perturbadores e invasivos en la vida propia del niño en desarrollo y que busca crecer en un entorno y ambiente sano y saludable. Conozcamos qué es y cómo se desarrolla el trastorno de ansiedad social.

Ansiedad Social en los niños

Los niños que padecen ansiedad social, tienen todos características muy comunes, actúan de forma similar y manifiestan las mismas cualidades. Desde luego, se trata de una afección que genera una serie de síntomas usuales entre quienes van con él y se encuentran atrapados en este mundo prácticamente solitario, partiendo en lo íntimo de la personalidad del niño.

Un niño que sufre este tipo de ansiedad, es un niño cohibido, excesivamente introvertido, poco comunicativo y escasamente hablador. Incorporados en su exclusivo mundo interior, siempre les será complicado salir de su hogar con amigos y otros conocidos, además; se negará a ir a la escuela y no se sentirá dispuesto a compartir con sus compañeros de clase. Sufrir trastorno de ansiedad social, es igual a sentir un miedo constante, inagotable y persistente al horror e inseguridad de encontrarse fuera de casa con otros individuos, es un duro y fuerte sentimiento de temor y angustia; se desea correr en busca de un lugar para estar a solas.

En la mayoría de los casos, los niños que son o están afectados por este trastorno de ansiedad social, evitan y reservan todo tipo de situación que los exponga en público o en grupos; más aún, rechazarán ser el centro de atención o de las miradas en la escuela, el parque y en cualquier parte. No se permiten ser observados, prefieren mantenerse a solas, lejos de reuniones, sin compañía, quizá solo junto a sus padres.

El niño con ansiedad social es diagnosticado según su historial y de cómo han sido sus primeros años de vida, relaciones, conducta, comportamiento y su actitud con el entorno. Y basado en ello, el tratamiento que recibirá el niño, va a estar estrechamente relacionado con la terapia conductual que le tocará desarrollar para llevar su vida a condiciones consideradas normales según los patrones actitudinales tradicionales.

Se buscarán, entre muchas alternativas; estrategias de socialización efectiva que a su vez sirvan de ayuda y apoyo a sus padres y que, con el respaldo de sus maestros, alcancen un feliz término de todo el proceso.

Es fundamental, siempre y en todo momento, la observación detallada del comportamiento y actitud del niño cada vez que sea necesario. Uno de los síntomas básicos y principales que se manifiestan en un niño con ansiedad social, es ese temor, miedo o pánico, es esa preocupación excesiva que se apodera de sus emociones antes de participar en una actividad social, un evento público, una fiesta infantil, ir al colegio o salir de paseo al parque o a un centro de compras. También está el caso de que, por temor a ser mal visto en clase, prepare su tarea de manera colosal, excediendo el nivel de exigencia.

Llorar con frecuencia, hacer berrinches, actuar con arrebatos, estar bloqueado y ser retraído socialmente; va a ser reflejo de ansiedad social en el niño, comportarse de esta manera y sumado a ello ser un evasor de la vida social con grandes cargas de miedo; va a desarrollar un alto potencial de ansiedad social. Si el niño es complacido, en hacer lo que a él le mantenga alejado de la sociedad, se estará reforzando este trastorno.

En la medida que el niño manifiesta de manera reiterativa molestias somáticas como fuertes dolores corporales de cabeza, malestar estomacal y otro tipo de quejas antes de una salida o anuncio de un paseo; se estará desarrollando y reforzando la ansiedad social. Cuando un niño presenta un largo historial médico, en el cual se reflejen mayoritariamente estas dolencias hipocondríacas; dolencias de enfermo imaginario.

Todo ello contribuirá a potenciar, acrecentar, reforzar y desarrollar ansiedad social en niños y adolescentes. Recordemos que la observación, será siempre una gran aliada.

Capítulo 6:
Efectos de la ansiedad sobre el desarrollo del niño como individuo

Si en la familia alguno de los niños muestra señales de inquietud o distracción, angustia o preocupación, no te permitas dejar de verle y atenderle. Estas pueden ser claras señales de que el niño, con estas cualidades, sea propenso a sufrir algún tipo de ansiedad. Recordemos que hay una variada lista de síntomas de este padecimiento llamado ansiedad y que tal cual un adulto, el niño, es presa fácil de poderlo padecer y ser afectado por tan perturbadora afección.

Los cambios de actitud, ánimos, planes y temperamento, la pérdida del apetito o pocas ganas de comer, el bajo rendimiento académico, sus nulas o escasas relaciones sociales e inter-personales, incluso llegar a tener micciones en la cama una vez que ya ha controlado sus esfínteres; son señales de alarma y alerta de que algo está comenzando a funcionar inadecuadamente. Esto le está generando cambios de índole personal, familiar y social al niño, tanto en casa como fuera de ella, con familia y como con otros conocidos, a los cuales poco interés o atención les presta.

Los niños que se ven afectados por la ansiedad, desafortunadamente padecen de una condición emocional y clínica que cada día es más común y recurrente en nuestras vidas. Un aspecto agregado a ello es el estilo, tipo y nivel de vida que todas las familias alrededor del mundo, nos estamos acostumbrando a llevar. El modo de vida que muchas familias están experimentando en las grandes ciudades, se caracteriza por los altos niveles de estrés que implica afrontar y sentir.

Este estrés afecta a un número muy elevado de personas, y de esta situación; los niños no están exentos. Ellos ya están comenzando desde muy pequeños a vivir la turbulencia del día y a percibir hasta absorber la angustia que descontrola a sus padres. Todo esto se suma y nos da como resultado, niños con importantes rasgos de ansiedad, cualquiera sea su tipo. En muchas ocasiones, esta ansiedad infantil, es tal cual la ansiedad de un adulto, con las variantes propias de un niño, es decir; con sus características propias y particulares.

Un niño con ansiedad, va a manifestar un miedo extremo, una angustia tensa a quedarse solo, sin alguien de su honesta confianza dispuesta a ayudarle en lo que llegara a requerir. También declarará con su actitud el terror a la oscuridad y a dormir solo en su propia habitación. Existe un síntoma muy común en la ansiedad y que es un efecto muy negativo sobre el desarrollo como individuo en vías a alcanzar su adolescencia, y es la aparición de la enuresis; emisión involuntaria y persistente de la orina, en especial durante las noches y también en cualquier otro momento del día. Esta pérdida del control de la vejiga se manifiesta después que el niño ya coordinaba apropiadamente esta necesidad fisiológica.

Un niño afectado con ansiedad puede crecer y a su vez desarrollar una serie de cambios en sus estados anímicos; se podrá enojar fácilmente, se encontrará con fuertes problemas en su escolaridad, tendrá bajas calificaciones declarando encontrar demasiados inconvenientes con los demás miembros de la clase y el colegio, trayendo como consecuencia las pocos o no deseos de convivencia estudiantil. Tras reportar problemas de conducta, producto de su comportamiento, se observará en el niño una pérdida y disminución del apetito.

En un número importante de ocasiones, la ansiedad infantil se manifiesta por los múltiples rechazos a participar de una vida social cotidianamente normal, y el no comer va de la mano con ello. El niño perderá peso y talla a un punto que podrá caer en un estado de desnutrición delicado, es por ello, vital; que tanto los padres, familiares, cuidadores y maestros; que lleguen a observar estos efectos de ansiedad, se permitan un espacio para la valoración de su condición, haciendo resaltar los síntomas evidenciados.

Ante cualquier alteración en la conducta y comportamiento extraño, diferente e irregular que manifieste el niño y que se le note asociado a la ansiedad, no puede quedar guardado en casa. Debe y requiere ser expuesto a un especialista de la salud emocional para descartar o diagnosticar y de inmediato reactivar los dispositivos a los cuales se les considere los adecuados para atender y comprobar si existe o hay algún tipo de trastorno o carga de estrés por liberar y sanar en los niños. En resumidas palabras, actitud diferente, evaluación y estudio inmediato.

Bien sabemos que la ansiedad es una dolencia que afecta la condición actitudinal y conductual de la persona. Esta actúa como una respuesta de carácter emocional que el niño, en este caso; activará ante una posible posición de amenaza o coacción que le podrían llevar a ciertos escenarios de peligros o riesgos, los que tratará de evitar para cuidar y proteger su vida. Esto se debe a que considera que la misma estaría sumergida en una verdadera contingencia. Las alteraciones psico-emocionales y los cambios fisiológicos y físicos que, sin lugar a dudas, sufrirá el niño; se corresponden con la forma y la manera de actuar que adoptará el niño para hacerle frente a la ansiedad y desde su condición, suponer sentirse seguro y mejor.

Tras la evolución y desarrollo del ser humano, ha venido acompañándole un sentimiento innato que actúa a su favor y en su contra, a la misma vez, se trata del miedo. A favor, porque nos pone en alerta y no dice que evitemos hacer algo que sin duda podría acarrearnos consecuencias negativas; y en contra, porque va cultivando en nuestro subconsciente una cantidad de temores, angustias y aprensiones. Además de paralizarnos, serán capaces de auto sabotearnos y no nos permitirá dar ese primer paso para una negativa a que algo malo podría suceder. Allí tiene un efecto importante en el desarrollo tanto del niño que es ansioso, como en el adulto que ya no admite cambios ni se abre a nuevas tendencias por miedo a fracasar.

En tiempos muy antiguos, tanto lo que hoy conocemos como ansiedad y el siempre presente miedo, formaban parte de emociones adaptativas, ya que juntas se hacían necesarias para preservar la vida, proteger la especie y vivir más seguros. Gracias a esta dupla de sentimientos, se producía y garantiza, por ejemplo, una serie adecuada de respuestas y reacciones para escapar y a su vez defenderse del ataque perpetrado por grandes depredadores.

Por tal motivo, se le debe reconocer a la ansiedad, bajo estas circunstancias; un significado y una valoración realmente importante en su haber. Este sentido y conceptualización de la ansiedad constituye un valor positivo y de gran ventaja para la vida, desde luego visto de esta manera, como una herramienta o recurso emocional capaz de orientar hacia la protección, auxilio, amparo y defensa del individuo. Ante todo estará en la constante búsqueda de avalar su seguridad, gracias a esas respuestas y reacciones tal vez innatas sobre las cuales se ampara, incluso hasta sin saber cómo se produce dicha acción a su favor.

A pesar de todo ello, y cuánto pudiésemos acuñar de efectivo a la ansiedad, ocurre que día a día, y conforme a los cambios drásticos, frecuentes e inmediatos, que vemos ocurrir en la actualidad; la defensa y supervivencia que necesitamos o buscamos ya no es aquella que ansiosamente intervenía a causa de la presencia de depredadores. Hoy día la ansiedad, que se incrusta y endosa en la vida de la persona, incluidos los niños; se corresponde ahora a enfrentar otro tipo de situaciones que forman parte y se han venido transformando en amenazas nuevas y modernas. Estas afectan negativamente y de sobre manera el desenvolvimiento sano y normal en la vida de la persona, y reiteramos, la vida cotidiana, divertida e inocente del niño. Veamos el caso del niño que, atendiendo a sus necesidades y compromisos propios, por ejemplo, académicos, se llena de ansiedad y experimenta una evasiva social, motivado a una prueba o a una exposición en la escuela frente a su maestro y a su grupo de compañeros, una salida a una fiesta o un evento público.

Sobre lo indicado anteriormente y en el párrafo anterior, vemos cómo las nuevas exigencias socioculturales, sociales y académicas del niño, le afectan. Esto provoca en la mayoría de los casos que los niveles de ansiedad ya se encaminen por una ruta de clara y determinante afectación negativa en el normal desenvolvimiento de su vida y dinámica o rutina diaria. La ansiedad estará siendo ese obstáculo que estancará o hará retroceder al niño, afectándolo de manera negativa en su desarrollo personal, académico, social, orgánico y emocional.

Esta condición de ansiedad en la vida del niño le será amenazadora y destructiva en el marco de sus acciones, motivaciones, deseos y anhelos. Su desarrollo se encontrará perturbado, el niño se negará a proceder con normalidad, muy a pesar de que sus mensajes reflexivos cerebrales indiquen otra cosa, se le verá reprimido, introvertido y evasivo, sin dar respuesta a aquello que tal vez representó un nuevo paso para su crecimiento.

La ansiedad, bien sea normal o patológica de alguna u otra manera, afectará al niño en su sano desarrollo. Cuando se habla de ansiedad normal, nos referimos a aquella que es posible experimentar o evidenciar en episodios o eventos aislados y muy particulares que estarán relacionados con alguna situación exigente o estresante que tal vez no afecte ni repercuta como situación del todo negativa en el niño. Sin embargo; el hecho de que un niño con constantes acontecimientos de ansiedad normal no será, al final del camino algo realmente saludable.

Por otra parte, debemos tener mucha atención y cuidado con la ansiedad patológica. Esta se caracteriza por manifestarse de manera frecuente y repetitiva. Sus episodios son de un gran carácter reiterativo y dada su duración, intensidad con la que se manifiesta y causa que la origine; va a afectar de manera estrictamente negativa al niño, y sus repetidas apariciones generarán efectos orgánicos, fisiológicos y físicos.

Estos impedirán el paso a acciones de valor para el saludable desempeño de funciones, compromisos y desarrollo, progreso y mejora del niño, quien a pesar de su corta edad siempre querrá por condición humana, ser y sentirse cada vez mejor y más productivo, íntegro y efectivo; servicial, querido y participativo en todos los estratos de los cuales forme parte. Todo ello en vías a lograr una vida con condiciones normales.

Dijo una vez Kurt Goldstein, psiquiatra y neuropsicólogo de origen prusiano, nacido en Katowice, Polonia: "El temor agudiza los sentidos. La ansiedad los paraliza". Aprendamos a controlar la ansiedad y este su efecto paralizante.

A continuación, veamos algunos síntomas y efectos psicológicos y emocionales de la ansiedad que afectan el desarrollo del niño como individuo.

- Presencia de una sensación de inestabilidad, entumecimiento y mareos en aumento, lo cual afecta su capacidad de memoria, pensamiento y concentración. Esto le impide dedicar tiempo para sí mismo.

- Momentos o eventos de desrealización, una extraña sensación de encontrarse en un ámbito irreal y fuera de todo contexto interpersonal e individual.

- Sensación de despersonalización, un extraño episodio que se manifiesta cuando la persona y el niño, en este caso, se percibe fuera de sí; como una mente o vida extraña dentro de otro cuerpo que no le pertenece. Algo perturbador y confuso, el niño siente confusión de identidad. Es verse al espejo, no reconocerse y decirse, ¿Soy yo realmente?

- Afectación en el niño a cohibirse de hacer o cumplir con cualquier tarea o labor pendiente, perdiendo la atención y el interés a favor de su productividad, lo cual solo al final aumentará su nivel de ansiedad y frustración. Aquí el niño se vuelve a negar la posibilidad de crecer y desarrollarse, producto de la negativa a ser efectivo en generar resultados positivos por sus logros alcanzados.

De pronto y sin previo aviso se hacen presente una serie de miedos y temores que descontrolan la probable estabilidad emocional del niño, produciendo en él una mezcolanza de pensamientos negativos y excesivos de "qué pasa" y "por qué". Por ejemplo, una incertidumbre y un miedo inevitable a desvanecerse y a perder el control a cualquier situación, la cual solo será más amenaza. Esta condición afecta la psiquis del niño, él tendrá temor a llegar a ser adulto porque se siente enfermo y por estos casos se ve en condiciones delicadas de salud.

El niño se verá afectado por cambios de temperamento y de humor, sufrirá sensaciones polarizadas. Una fuerte labilidad emocional le invadirá y la tendencia al llanto será irreversible. El niño se sentirá triste y ofrecerá una sonrisa o risa nerviosa, lo cual le interpelará a ser un adulto aceptado o miedo a hacerse un joven o una persona con dificultades de socialización.

Experimentará constantes episodios de irritabilidad, afectando cuál sea su estado de ánimo y llenándolo de apatía. Situación que le estancará y sin duda alguna le impedirá calar en grupos sociales y círculos de amistades, pues el mismo niño en desarrollo se aislará. Él notará que su personalidad le resulta bastante diferente a la de sus contemporáneos y a la de sus compañeros, siendo autosaboteado, alejándose de grupos que le permitan crecer emocional, conductual y socialmente.

El niño se sentirá incapaz de poner en marcha planes, proyectos, estrategias o propuestas que le sirvan para hacerle frente a las distintas situaciones estresantes que le toque presenciar y vivir en su cotidianidad. Esto sería un problema de gran importancia y preocupación a su vez, pues se le dificultará dar solución a problemas reales de otra índole y condición; pues profesionalmente vería comprometida su capacidad creativa y productiva positiva.

Estos efectos, también vistos como sintomatología por ansiedad en cualquiera de sus tipos, anteriormente descritos; constituyen una serie de elementos que van a facilitar el proceso de entender, conocer e identificar cuál es el tipo de sensaciones. También cómo se perciben o manifiestan las emociones, la actitud del niño frente a sus pensamientos y la manera de manifestarse conforme a las exigencias que indistintamente la vida pondrá en su camino, y es allí donde su evolución como persona y desarrollo quedarán demostrados. Un niño ansioso no tratado, será un adulto con grandes traumas y trastornos por ansiedad.

Conocer y atender la ansiedad infantil, permitirá una mejoría de sensaciones internas y subjetivas vitales para garantizar una vida de determinaciones y resultados efectivos esperados. Entrar en la edad del juvenil del desarrollo, tras haber sufrido algún tipo de ansiedad, siendo este atendido y superado, es producir un individuo capaz y arriesgado a hacer y llegar a cumplir con todos los compromisos que lleguen a sus manos.

Será capaz y estará en plena libertad de actuar frente a un público, relacionándose de manera práctica, firme y afectiva. Bajo estas premisas, estaremos frente a la construcción de un individuo con disposición a hacer de su entorno y de la sociedad, vías y caminos más transitables, analizando minuciosamente de qué forma y en qué nivel, estas nuevas condiciones de vida, influyen en la forma positiva de llevar la y vivir la vida, libre angustia, miedo, temores, preocupaciones y ansiedad.

Conviene, pues, tomar conciencia y estar decidido a inclinarse hacia la realización de una existencia más plena y adecuada, reconociendo los efectos superados en los marcos de la ansiedad que pudieran afectar el desarrollo del niño como individuo y futuro partícipe de nuestra sociedad, como se ha dicho constructor de un mundo mejor.

Una canalización adecuada, una orientación apropiada y una asistencia a tiempo, serán los mejores aliados para cambiar a favor del bien, dando la mano en saber direccionar la ayuda que el niño requerirá y le facilitará la activación de procesos conductuales y actitudinales que deberán ser reeducados o aprendidos y así lograr una independencia plena de la personalidad.

Capítulo 7:
Estrategias empáticas para educar a un niño con trastornos de ansiedad

Son muchas las formas, maneras y estrategias a través de las cuales se hace posible conectarnos y hacer empatía con un niño ansioso; brindándole herramientas para lograr una educación adecuada y lo más asertiva conforme a sus necesidades, exigencias y requerimientos. Todo ello girará en torno a lo emocional, de cómo percibe su vida y el tipo de expectativas que sobre la misma el niño anhele.

Indistintamente, a su condición de ansiedad y episodios de angustia sean o no involuntarios, realistas o irreales; el niño buscará también momentos de paz, calma y serenidad, es decir; escapar del estrés que significa vivir en un entorno emocional subjetivo y turbulento. Para ello, la ayuda de sus padres y quienes conviva, es una de las más imperativas y determinantes para salir adelante con la guía y acompañamiento de especialista según sea el caso y nivel de ansiedad que le haya sido diagnosticado.

Hablar de educar, no solo representa aquello que muchos conocemos como normas de etiqueta y protocolo, vestimenta y expresión oral, lenguaje corporal y apariencia personal; es aún un poco más que ello.

Aplicar estrategias de empatía, a un niño con conflictos de ansiedad; es estructurar un plan emocional de formación subjetiva a saber cómo y de qué manera actuar en la vida cuando la intranquilidad y la zozobra invaden al niño. Veamos, a continuación, algunas estrategias que están siendo utilizadas y han producido excelentes resultados en la educación y orientación de niños con ansiedad y que de igual manera repercuten positivamente en la vida de los padres.

Existen distintas formas por medio de las cuales es posible ayudar al niño con ansiedad, tu hijo merece ser atendido como caso especial, en esos momentos, cuando los períodos de ansiedad se hacen presentes y se hace necesario batallar contra ellos para la serenidad del niño.

Desarrolla una escucha activa y haz preguntas poderosas cuando se sospeche algún malestar

Se trata de dar orientación al niño y ayudarle a que logre expresar lo que siente, a escuchar lo que desee expresar, pero también haciendo preguntas de poder que le ayuden a exteriorizar sus sentimientos. Acercarse si se le ve inquieto y hacerle saber que se encuentra en fase transitoria que muy pronto será superada con el apoyo y acompañamiento mutuo.

No angustiarse más que el niño, y menos ignorarlo

Entender que el niño está aterrado y experimenta un miedo que solo él podrá entender. Como padre, no te exaltes o angusties más que tu hijo, mucho menos ignores lo que está padeciendo por el hecho de que para ti no haya motivo para estar asustado o en medio de una crisis de ansiedad. Hazle ver que los miedos pueden ser manejados y él lo va a lograr para gozar de una vida feliz y normal.

Dedicar un momento del día para conversar sobre los temores que siente el niño

Hazle la proposición a tu hijo y ofrécele la idea de reunirse en cierto horario o un momento, por lo menos una vez al día, para juntos conversar sobre cómo, a medida que vaya transcurriendo el tiempo y él continúe creciendo, mejorará su condición, con tu ayuda y la de otras personas buenas. Estos encuentros serán una maravillosa oportunidad para lograr un espacio de relax, tranquilidad y unión del niño con sus padres.

Es bueno y prudente apuntar a un mismo tiempo y en un horario preciso, pues si el niño a cada instante está siendo tranquilizado, se podrá conseguir que se haga más ansioso y él intentará buscar refugio y serenidad emocional en todo momento, lo cual resulta contraproducente.

Si decides brindarle esta valiosa oportunidad de oro a tu hijo, le estarás ofrendando el tiempo y el espacio necesarios, como ya se ha dicho; de permitirle expresar con toda libertad los miedos que lleva en su ser, sin que estos invadan su vida diaria. Su desarrollo como individuo será magnífico.

Permitir que los momentos de miedo y pánico se manifiesten

Resulta que mientras mayores sean las oportunidades que tenga el niño para evitar confrontar sus miedos y ansiedades, mayores serán las probabilidades de que estás se conviertan en situaciones más angustiantes para él. Esto es como no prepararse para recorrer el gran camino que se debe y se necesita recorrer.

El niño necesita conocer y avanzar en sus temores, identificarlos, anunciarlos, saber ubicar el momento de su aproximación; esto servirá de apoyo para todos en el hogar y en la escuela. Así se le podrá enseñar al niño con ansiedad, de qué manera y cómo tratar y manejar con sus tribulaciones de una manera controlada y gradual. Con seguridad, y gracias a esta estrategia, el niño aprenderá a conocer, entender y manejar sus angustias.

Esta es una manera conveniente de domar todo aquello que le inquieta. De forma progresiva y gradual, el niño aprenderá a manejar sus miedos, escuchando uno a uno relatos de superación de crisis emocionales parecidas a las que le ha tocado experimentar.

Hacerle ver al niño que la expresión de sus sentimientos a través de juegos, canciones y dibujos es de gran valor

Acompaña al niño a elaborar escenarios, carteles y canciones que reflejen situaciones parecidas a los eventos que a él le preocupan, le perturban y le ha tocado vivir. Esta es una recreación lo suficientemente pedagógica y constructiva para salir adelante, afrontar debilidades y fortalecerse emocionalmente, permitiendo un avance significativo y por demás relevante de cómo prepararse para aprender a manejar ciertas situaciones de angustia y ansiedad que alteran la convivencia diaria del niño. Consiste en buscar la manera de hacer resiliencia de esta afección mental y emocional a favor de las necesidades actitudinales y conductuales del niño.

Orientar sobre cambios que pudieran suscitarse

Aprender a manejar y afrontar cambios importantes que se susciten a nivel familiar, sin que haya producto de ello, la preocupación de caer en crisis emocionales capaces de perturbar el temperamento del niño. Pongamos, como ejemplo, que la familia ha decidido cambiar de casa y deberán trasladarse para vivir en otra ciudad.

Una excelente estrategia es ir educando y orientando al niño sobre cómo actuar y qué acciones tomar frente a una situación puntual, como lo es una mudanza. Disponga de una salida previa al lugar donde vivirán antes de mudarse. También se le pueden mostrar fotografías del nuevo vecindario, sus calles, avenida, escuela y los sitios cercanos a la casa que pronto habitarán. Esta técnica será útil para orientar al niño con ansiedad sobre la manera que a él también le tocará afrontar cambios en el futuro.

Exalta sus logros, metas y éxitos

Acá la clave es sencilla, efectiva y muy puntual. Se trata simplemente de algo que le hará sentirse grande, triunfador y exitoso. Trae a la memoria del niño aquellos miedos y temores que por fortuna ya no padece y que, gracias a su interés y determinados deseos de superación, ha logrado vencer.

Rememorar estos eventos le resultará muy gratificante y convincente en que si lo cree lo podrá lograr. Esto le permitirá sentirse un individuo seguro, motivado e impulsado a lograr sus metas, con ello se le educa canalizándolo en una vida de emprendimientos y generador de proyectos factibles y constructivistas.

Tratar de que el niño pueda dormir bien y comer lo mejor posible

El descanso, el buen dormir y el buen comer son fundamentos educativos formales. Hacen ver bien a la persona, se le aprecia siempre con excelente energía, maravillosa presencia y una fantástica manera de ser y tratar a las demás personas; esto es una señal de vida sana y saludable. Como padres con niños ansiosos, se ha de ser atentos en brindarles las orientaciones socio-culturales necesarias y educativas elementales que les faciliten su adaptación e inserción a grupos heterogéneos de personas y lograr encajar con nuevas amistades. Dormir bien y comer balanceado son aspectos universales para vivir mejor, ambas son, de por sí, necesidades fisiológicas que, de ser alteradas, podrán generar malestar y efectos negativos al organismo.

Juntos, hacer actividades de relajación, recreativas y ejercicio físico

La intención de este apartado, es básica y exclusivamente educar al niño en aprender a relajarse y a saber manejar el estrés. Mediante ejercicios de respiración consciente, relajación, concentración y actividad física; se educa al niño en la cultura de las actividades extras, saludables para el cuerpo.

La práctica del yoga, taichí, danza, atletismo; le formará y orientará a cuidar su cuerpo físico y su organismo interno. Una excelente herramienta para vivir activando su salud. Si el niño crece atendido, asistido y orientado hacia todo aquello que le produce bien, será un individuo que replicará todo esto en su vida adulta, gracias a su voluntad, apoyo familiar y deseo en todo cuanto le sea de ayuda y desarrollo mental, emocional y corporal.

Observar el fenómeno del "Falso Enfermo", si se queja demasiado de los dolores y con frecuencia

Mucho cuidado con prestar atención excesiva a todas las quejas por dolencias físicas y orgánicas que manifieste su hijo. Al niño con trastornos de ansiedad se le debe educar en aprender a conocer e identificar que no todas las señales que recibe o percibe, son 100% reales. Los anuncios que envía su cuerpo pueden estar, según el niño; relacionados con una amenaza percibida, pero esta puede ser completamente irreal.

En ello se debe educar y orientar desde casa y junto a un especialista. Es importante que el niño aprenda si esta sensación es real o producto de la ansiedad que está padeciendo y que su cuerpo le está haciendo una mala jugada y que en realidad no hay tal amenaza, se trata de ansiedad, no hay peligro verdadero.

Si el niño se queja constantemente de dolores estomacales, por ejemplo; recuerden juntos la dinámica de ejercicios físicos, de relajación y respiración que están acostumbrados a hacer. Una respiración consciente es un remedio infalible para superar tensiones, angustias y estrés.

Trabaja aparte tus ansiedades personales para no confundir con las del niño

Que sus angustias como padres no incidan en las emociones del niño. Hagan todo lo posible por manejar sus preocupaciones, tensiones e impaciencias muy aparte de las del niño, de ser posible a nivel profesional, con especialistas diferentes. Eviten que las situaciones de ambos se conjuguen en una, de suceder algo así, se complicaría el cuadro emocional del niño, entonces papá y mamá podrán estresarse mucho más, por tal motivo el caso llegaría a escaparse de las manos y hacer más turbulento el ambiente que se quiere y desea aclarar.

Las emociones de papá y mamá son diferentes entre sí, y a su vez las del niño, es decir; la misma malteada no sabe igual a todos. Que las estrategias asignadas a mamá y a papá frente al mismo miedo: Morir jóvenes, no se las apliquen al niño por el solo hecho de tener el mismo pensamiento. La causa que dé origen a este pensar, va a variar de una persona a otra. Recuerda, trabaja tus ansiedades personales , por un lado, y las de tu hijo, por otro. Los resultados mixtos serán sorprendentes, es algo que te podemos garantizar con seguridad.

La ansiedad podrá tener la facultad de brindar al niño cautela y precaución ante ciertas y determinadas situaciones de riesgo, permaneciendo cauteloso. Pero, por otro lado; la ansiedad se puede transformar en delicada y comprometida condición problemática que interferirá en la vida cotidiana del niño. Tengamos presente que en lo absoluto debemos minimizar ni menospreciar los miedos y ansiedades que el niño manifieste, esos son sus angustiantes temores que a pesar de ser irracionales en su mayoría; merecen seriedad y atención por parte de quienes conviven con él.

Siempre buscaremos, a toda costa, las herramientas, recursos y habilidades necesarias que nos ayuden y nos permitan tranquilizar y serenar al niño frente a un episodio de ansiedad, sin embargo; hacerlo con mucha frecuencia y cada vez que se dé un incidente de angustia, será negativo pues, aunque el niño se tranquilizará y volverá a la calma. Su ansiedad irá en aumento en cada evento y no generará madurez ni autodefensa ante ello, solo correrá en búsqueda de más tranquilidad sin afrontar ni aprender de su situación.

Todos en algún momento de nuestras vidas sufrimos un lapsus de ansiedad, incluso de preocupación excesiva a unos niveles tan extremos que nos sentimos desvanecer. A algunos niños esto también les puede llegar a suceder. Viviendo con esta experiencia y situación constante, muchos padres llegan a sufrir frustración por pensar que lo han hecho todo sin obtener resultados. Un sentimiento de impotencia se apodera de ellos y hasta experimentan depresión por ver que no hay avance en la condición crítica de ansiedad en el niño. Sin embargo, siempre habrá todo tipo de alternativas y una opción para cada individuo.

Está claro y sabemos que no hay una sola y única solución para los variados y diversos conflictos y trastornos de ansiedad existentes. Afortunadamente, contamos con una cantidad bastante extensa de estrategias y técnicas asociadas a la indagación, exploración y estudio de cómo entender y manejar la ansiedad.

Eduquemos a nuestros niños y enseñémosles que, si existe una posibilidad de ir mucho más allá, en vías de superar estos cuadros emocionales angustiantes y encontrar un significado real, ser felices y dar propósito a la vida.

Con el claro objetivo de ser empáticos al momento de educar a un niño con trastornos de ansiedad, consideremos los siguientes aspectos:

- Aprendamos juntos, padres e hijos; que no ocurra algo demasiado grave como para llegar a tales niveles de preocupación, angustia y ansiedad.

- Entendamos a la preocupación como un mecanismo de protección, que de alguna manera, y viendo su lado positivo, puede llegar a protegernos.

- Busquemos darle nombre a la preocupación, personificándola. Darle un nombre a esa crisis de ansiedad, tal vez sea de gran ayuda en los momentos que ella quiere salir a flote, de esta manera sería posible interceptarla, manejarla y, aunque nos invada; hacerle saber que las órdenes vienen desde nosotros mismos. Este rol conviene trabajar juntos en familia.

- La preocupación es esa herramienta infalible con la que cuenta nuestro cerebro para darnos seguridad y protección ante situaciones de riesgo. Enseñemos a nuestros hijos a ser investigadores del pensamiento para mantenernos alertas y en contexto de lo que nos acontece.

- Enseñemos al niño ansioso a aliviar la preocupación, imaginando posibles escenarios y dándoles posibles respuestas. Para ello y evitar caer en angustia, practiquemos la respiración tranquila y serena por espacio de 5 a 10 minutos.

- Pongamos en práctica la autocompasión, esto con el propósito de alcanzar y propiciar una vida saludable tanto para los padres como para los hijos. Que papá y mamá sepan que no están solos en este caminar y algo muy importante, no hay culpables en esto que hoy les toca vivir.

Es tiempo de perdonarse a sí mismos, siendo para nuestros hijos un espejo de agradecimiento y gratitud. Recuerda, tanto papá como mamá, son los héroes de sus hijos.

Capítulo 8:
¿Cómo reforzar la confianza y autoestima en un niño ansioso?

Comencemos por definir ambos términos:

Confianza

Es la convicción que tiene una persona, especialmente segura, de emprender una acción de la manera más adecuada posible ante una acción determinada. Es estar dispuesto a emprender y afrontar eventos con total y plena seguridad, sin temor ni angustia por la valoración de terceras personas. Quien se siente confiado, actúa con respeto propio y consideración hacia las otras personas.

Autoestima

Es esa manera de cómo nos miramos a nosotros mismos y el nivel de apreciación que nos atribuimos conforme a la valoración de nuestro ser y la verdadera importancia que nos damos, cuando estamos dispuestos a afrontar todos los obstáculos que nos presente la vida. Cuando nos sentimos preparados para actuar sin temor alguno y dar ese paso determinante, gozamos de buena autoestima.

Si el individuo se siente con la capacidad de compartir sus ideas abiertamente y hacer valer sus opiniones, tomar decisiones sin temor a ser sometido a otras valoraciones, su autoestima le permitirá crecer en todo sentido. Es tener confianza en sí mismo y estar seguro de lo que se hace y se dice. Gozar de buena autoestima no hace a la persona perfecta, pero sí entusiasta y efectiva.

Para reforzar confianza y autoestima en nuestros niños, una de las cosas más importantes y sencillas a la vez, que como padres podemos hacer cuando nuestros niños sufren escenas de mucho miedo es, dejarles hablar; no cortarles jamás su discurso. Algo más que podemos ofrecer y que resulta lo suficientemente sencillo es escucharlos; dejarles que hablen y que se expresen con toda libertad sobre aquello que consideren relacionado con sus miedos. Allí los niños verán una maravillosa oportunidad y puerta abierta hacia su expresa libertad emocional, es abrir una fuente para que fluyan los sentimientos y logren comunicarse.

Se trata de lograr en ellos la comunicación lo más efectiva posible. Que no guarden su sentir, que no se nieguen a decir lo que necesitan, pues de lo contrario es cuando más se activa el sistema nervioso. La idea principal es que nos expresen cómo se sienten que les ha podido suceder y qué necesitan de sus padres, que cuenten con la comprensión de sus padres, maestros y cuidadores, y sepan que a todos nos importan sus condiciones y nos importan tanto como a ellos, que estamos dispuestos a escucharles y compartir tiempo juntos y así se den cuenta de que les prestamos toda la atención necesaria.

Otra recomendación para padres, es motivarlos a buscar algún cuento, serie favorita o algún fragmento de una película que a todos guste mucho, donde se ponga de manifiesto alguna escena de miedo en la que su personaje favorito se haya visto afectado, perseguido y debilitado y que luego haya superado toda esta crisis emocional.

El solo hecho de ver cómo su personaje ha superado un trauma, le otorgará energía, fuerza y poder de determinación al niño que muchas veces se ha reprimido, para querer imitar esa conducta exitosa y con garantía de triunfo. Esto va a motivar al niño, ver que su personaje favorito ha tenido ese miedo y lo afronta. Acá hay grandes garantías de que trate de imitar dicha conducta, la cual le ha inspirado, comprendiendo que sus miedos y ansiedades las padecen otros en muchos en cualquier lugar.

Lo importante es que el niño logre entender y comprender que estos miedos y ansiedades que le afectan, no sólo le ocurren a él, muchos niños en diferentes latitudes y prácticamente todos los países del mundo también los padecen. Esto es algo que le pasa a mucha gente que en su gran mayoría logra salir de esta afección, tu hijo no será la excepción; él también logrará salir victorioso. Una táctica fabulosa es analizar juntos a qué miedos se enfrenta con más frecuencia y qué beneficios ha obtenido cuando supera tales inconvenientes.

Pongamos el caso del terror a la oscuridad, en lugar de salir despavorido buscando un lugar en el cual se pueda refugiar el niño, crear un escenario de juego sin luces o jugar con luces de celulares y linternas, relatando un cuento como por ejemplo un paseo nocturno por el bosque, disfrutando la luz de la luna y el destello de las estrellas, haciendo la idea de no poder ir al cine o al teatro, pero si armar un campamento en casa con mucha diversión. Para este caso, inspirar al niño a sentirse seguro, confiado y con la garantía de superar miedos gracias al apoyo y creatividad de los padres.

Desarrollar juntos un plan en el cual sea necesario tener que atravesar una determinada situación de peligro, lo cual se irá ejecutando de forma progresiva y paulatina. Es muy importante activar este plan paso a paso, con paciencia y tranquilidad; generando confianza en el niño y que este pueda sentirse seguro y dispuesto a emprender con actitud positiva una nueva estrategia contra la ansiedad.

Acá, como en todos los casos; conviene actuar al ritmo del niño, pues lo que buscamos es su confianza y elevar su autoestima, logrando así una desactivación de la respuesta automática que siempre le dará al miedo frente a las amenazas de riesgo, generadoras de ansiedad.

El propósito en estos planes, es alcanzar la competencia del niño y que se sienta capaz de resolver y vencer sus miedos con la ayuda emocional que llega por parte de sus padres, enseñando a identificar sus episodios de incertidumbre y temor frente a posibles escenarios de peligros o fobias.

Así como buscamos jugar y recrear en la oscuridad para aprender pausadamente a ver lo positivo dentro de la adversidad; vencer otros escenarios, por ejemplo; hablar en público. Se puede comenzar jugando al presentador de la radio o televisión, diciendo su nombre y la bienvenida al programa. Esta es una forma de ir aflorando en expresión oral, tratar de hacer este juego en compañía de los padres junto a uno o dos compañeros, será un extraordinario avance de superación del miedo a hablar frente a otras personas; jugando.

Retomando el juego y reto a vencer el miedo a la oscuridad con juegos, otra dinámica estupenda es aplicar diferentes niveles de intensidad de la luz que ilumina su habitación. Si por ejemplo, el niño duerme siempre con la luz encendida, ir poco a poco bajando esa luminosidad hasta el punto en que ya pueda dormir con las luces apagadas.

Veamos que la bombilla tiene intensidad 10, pues iremos bajando día a día esa incandescencia hasta llegar a 0. Cada dos días iremos disminuyendo un punto a la bombilla. El día lunes la dejaremos como al niño le genera tranquilidad, quedará en 10. El día martes la bajaremos a 9 y así sucesivamente hasta llegar a un punto que el niño ya duerme sin necesidad de luces en la habitación.

Este plan lo activaremos haciendo compañía al niño hasta que logre conciliar su sueño y notar que ya está descansando y se encuentra relajado en cama. Si para lograr esta meta, dormir sin luces encendidas, se requiere más tiempo; excelente, invirtamos el tiempo que sea necesario hasta que el niño gane la confianza que necesita. Todo en favor del niño y hasta que llegue el día en que le digamos: "¡Felicitaciones, lograste dormir sin luces!" Ese será un nuevo amanecer en la vida del niño, un nuevo triunfo y otro éxito alcanzado.

Lo que pretendemos conseguir con esto, es que el niño gane confianza y se valore al momento de verse al espejo, satisfecho de sentirse cada día más libre de amenazas y entendiendo que ha comenzado a vencer miedos, los cuales va superando paulatinamente, haciéndole ver que cuenta con recursos humanos, emocionales y materiales que le impulsan a dar pasos determinantes de cambios positivos. La idea es conseguir que el niño con problemas de ansiedad, logré transformar esa gran debilidad amenazante y de angustia en una situación superada en la cual sea él quien tenga el control, y que por sobre todas las cosas vividas; reconozca y sepa entender que gestionar miedos, angustias y ansiedad; está en sus propias manos, en su voluntad y en su propia confianza.

En la medida que el niño vaya alcanzando metas y logrando éxitos, se irá animando a enfrentar nuevas situaciones, venciendo nuevos miedos, trabajando a su ritmo y tratando tras varios intentos hasta lograr el triunfo. El niño con ansiedad, gracias a estos y muchos otros ejercicios, ganará la confianza en sí mismo que tanto necesita, de esta manera se construirá, crecerá y se desarrollará un nuevo individuo libre de temores, con autoestima elevada y con la suficiente confianza en su persona.

Necesitamos dar mucha ayuda, apoyo y atención a los niños con problemas, traumas o trastornos de ansiedad. Estamos en el compromiso de hacerles reconocerse como individuos con gran capacidad de voluntad, disposición e interés en gozar de una vida plena, saludable y más feliz.

Que en su ser habita una gran fuente de energía que necesita ser transformada para producir voluntades y sanos pensamientos, de qué vivir mejor es factible y está en sus propias manos. Es importante que el niño comprenda y reconozca que la mayor cantidad de recursos para su ayuda, están en su interior, y que gracias a ello será capaz de crear nuevas experiencias de superación frente a situaciones que le generaban miedo, angustia y pánico.

Aplicando planes como estos y muchas otras estrategias factibles y efectivas, será posible despertar y reforzar la confianza y autoestima en el niño ansioso. Para ello se precisa trabajar en equipo, unirse como familia y aportar lo mejor de cada uno de sus miembros en favor del niño que requiere superar situaciones que el hecho llevar, una vida agitada de presiones y perturbaciones con significativo efecto y maltrato emocional.

Queremos construir un hombre nuevo, desde sus percepciones y sensaciones, que se sienta seguro y tranquilo, con la confianza plena de que puede, con las cargas que lleguen a sus hombres, contando con la ayuda de sus familiares y profesionales de la salud, en quienes encontrará salida y solución a ciertas dificultades y barreras que le detengan, paralicen o hagan huir; como también y gracias a su aprendizaje, poder afrontar para ganar terreno en lo que a ansiedad se refiere.

La confianza y la autoestima no se recetan ni se compran en una farmacia, estas se van cultivando y gestando con el paso del tiempo y se van reforzando de ser necesario, terapéuticamente, conforme los requerimientos y disposición del individuo, en el caso que nos ocupa; el niño. Gracias a todas aquellas experiencias de vida que se van experimentando en los diferentes planos que participamos, podremos fortalecer nuestros niveles en cada uno de estos aspectos tan valiosos para el crecimiento y desarrollo humano.

La familia, las amistades y la escuela también hacen un gran aporte para lograr alcanzar y reforzar nuestra confianza y nuestra autoestima, que no están perdidas, más sí dormidas. Muy por encima de todo, está el caso de que estos aspectos de la vida humana, son el producto que resulta de una serie de factores que conforman un conjunto de emociones, cultivadas desde el hogar, lugar en el cual nos podremos ayudar a potenciar una autoestima sana, fundamentada en la seguridad y muy especialmente en la confianza que se puede llegar a tener en sí mismo.

Nos atrevemos a decir que la confianza y la autoestima, son, sin la más mínima duda, un asunto de actitud. Si quiero hablar en público, me debo preparar para ganar confianza y presentarme, tener autoestima para verme y sentirme además motivado, inspirado a dar lo mejor de mí. Todo ello, gracias a mi actitud con la que yo me entrego a hacer las cosas bien.

En una ocasión se le escuchó decir al filósofo y psicólogo estadounidense, William James que "El mayor descubrimiento de mi generación es que los seres humanos pueden cambiar sus vidas al cambiar su actitud mental". Dando un cambio hacia una actitud positiva, seremos más optimistas y capaces de afrontar miedos, temores y angustias, esas que de vez en cuando nos congelan y no nos permiten avanzar. Para muchos la actitud es una forma más de llevar la vida sin prestar la mayor atención y para otros, la actitud lo es todo y les permite ser mejores, ganar confianza y sentir buena autoestima. Aspectos estos, que anhelamos inculcar en el niño ansioso.

- Generar confianza y una autoestima sana, fuerte y saludable para el niño resulta beneficioso e importante en todos los aspectos de su vida. Es posible comenzar a desarrollar ciertas acciones desde el hogar y con ellas obtener excelentes resultados.

- Vamos a mencionar algunas tareas que los padres pueden poner en práctica desde este mismo momento y a través de las cuales reforzar confianza y autoestima en el niño:

- Hazle saber que todos se sienten felices de tenerle como parte de la gran familia que constituyen y recalca en el niño, las grandes virtudes y maravillosos dones que posee.

- Demuestra tu empatía por él, poniéndote en su lugar, demostrando que sabes de sus ansiedades y que las sientes como tuyas, para así ayudarle a reconocer sus emociones y saber cómo actuar para manejarlas.

- En sus momentos de angustia, hazte presente, acompáñale y dale a entender que tu presencia busca darle apoyo y orientación para superar crisis, que la familia se hace presente para ayudarle.

- Reconoce en él, su valor como persona, a pesar de su corta edad y los errores que haya cometido; otorgarle valor y reconocimiento. Que viva a plenitud el aquí y el ahora.

- Dale la oportunidad a ser diferente, a gozar sus propios gustos y disfrutar sus momentos especiales, aprendiendo a ser independiente y construir su camino a la felicidad.

- Estimula a tu hijo a perseguir un objetivo y alcanzar la meta. Ayúdale a construir el camino para lograr el éxito y vencer sus miedos con toda confianza. Que su actitud sea siempre positiva y sus ánimos siempre los mejores.

- Cree y confía en el niño, que sienta que cuentas con él y que es capaz de llevar la batuta en los compromisos que se le presenten y a manejar situaciones de ansiedad con determinación.

- Da tu apoyo en todo momento, que sienta tu presencia y compañía. Si llega a darse alguna caída o alguna falla, que el niño sepa que estás allí para dar tu mano, entendimiento y comprensión.

- Haz todo lo posible en evitar poner "peros" a sus ideas, propuestas e inquietudes. Que se sienta creativo, espontáneo y productivo. Dale a entender que sus ideas son buenas, dando tu opinión y orientación basada en tu experiencia de padre.

- Evita a toda costa la comparación con otros niños y otras familias, aunque sea desde un punto de vista positivo. Hacer comparaciones no es oportuno, menos en niños con situaciones de ansiedad. Comparar es inadecuado, de alguna u otra manera se podría generar la rivalidad y el celo entre tu hijo y a quien pongas frente a él en comparación

Capítulo 9:
10 Técnicas efectivas para lidiar con la ansiedad de tus hijos

Cuando en nuestro entorno nos encontramos con niños ansiosos, surge un interés humano innato y muy natural de querer hacer algo productivo y ayudarlos; deseamos que se sientan mejor, tranquilos, calmados y con verdadera paz interior. Buscamos que se sientan saludables. Pero ocurre algo determinante y de gran interés que es consecuencia del apoyo dado, si este es frecuente. La protección constante y ayuda ante cada episodio de ansiedad que manifiesta el niño podría llegar involuntariamente a empeorar las cosas e incrementar el caso de ansiedad.

Una de las mejores maneras y formas de ayudar a los niños a hacerle frente y encarar sus eventos de ansiedad, es enseñándoles a actuar en la medida que esta se manifieste. Mientras el niño vaya poniendo en marcha esta técnica de reconocimiento de amenazas emocionales, sabiendo cómo actuar y activando la práctica, se logrará sentir mejor y menos ansioso.

Si vemos que un niño se altera o entra en ansiedad frente a una situación extraña, irregular o embarazosa y en respuesta sus padres lo retiran del lugar para evitar incrementar dicha sensación, el niño podrá estar en la capacidad de aprender y entender que ese brote de angustia, preocupación y miedo pueden resultar como excelentes herramientas y buenas estrategias para enfrentarse a estos desagradables episodios.

Por otra parte, es mucho más efectivo y provechoso, además de útil que, frente a esta situación de ansiedad del niño; los padres le hagan saber a su hijo que esto pasará y que en breve va a estar mejor y recuperado de tal amenaza. Darle a entender que se está con él y que pronto se sentirá bien, muy a pesar del miedo que le invade. Los padres no podrán garantizar al niño y menos hacerle la promesa de que no acontecerá algo malo, más si estará bien hacerle ver la empatía hacia él y demostrarle su confianza.

Debemos estimularlo a que se podrá enfrentar poco a poco a estas situaciones y que con el paso del tiempo se va a sentir cada vez menos asustado. Aunque los padres no se sientan muy de acuerdo con los miedos y tipos de angustia que manifieste el niño, bien podrán demostrar su más estrecha empatía.

Pongamos, como ejemplo, una situación en el parque cuando la mamá le dice: "Yo sé que te da miedo montar solo en la bicicleta, pero es algo muy sencillo de hacer, no temas. Ese miedo lo puedes vencer y yo voy a estar contigo para superarlo" La afirmación o pregunta directa no es de gran ayuda, lo mejor es evitarla. Pregúntele al niño "¿Cómo te sientes para la presentación de esta tarde?" en lugar de preguntar "¿Estás asustado por la presentación de esta tarde?" Utilice un tono de voz sutil y un lenguaje corporal adecuado para demostrarle a su hijo que todo está bien y usted se encuentra tranquilo, confiado que esto ya va a pasar y todo volverá a la calma y a la normalidad.

Tomar esta acción frente a esta situación, con gran seguridad, va a ayudar a que también el niño se sienta bien, con confianza, más tranquilo y en búsqueda o espera de la vuelta a la calma y mucho mejor. Es conveniente conocer las sensaciones del niño cuando se aproxima una crisis de ansiedad y cuando se manifiesta. Los sentimientos y pensamientos del niño se confunden en su interior, es como un torbellino que revuelve hasta lo más recóndito y despierta más angustia y ansiedad en todo su ser.

El acompañamiento le va a generar paz y para una próxima manifestación de ansiedad, repetir el ciclo de ayuda con relajación y respiración consciente, además de estar juntos. Los padres pueden convertirse en excelentes terapeutas emocionales con sus palabras, abrazos y cariños. El acompañamiento en estos momentos es un recurso invaluable. Escucharlos y sentirlos dará confianza al niño, esto va a incrementar su sensación de seguridad. Otra forma de ayudar al niño ante casos de ansiedad es buscar una forma de mantenerlos distraídos, evitando que algo o cualquier cosa que le pueda causar molestia se manifieste, como dejarlo en la puerta del colegio.

También es bueno charlar con los niños sobre qué podría llegar a suceder si todos esos temores y miedos que sufre en sus momentos de amenazante ansiedad, se llegaran a hacer realidad. ¿Qué sería lo que tendrían que hacer? ¿A quién acudirían para pedir auxilio? ¿A dónde irían por ayuda? Es por ello que tener un plan adicional será oportuno para ayudar a calmar la ansiedad.

Los padres tienen la capacidad de poder darle forma estrictamente saludable a las situaciones de ansiedad que invadan la estabilidad emocional del menor y así saberlas llevar y poderlas manejar de una manera adecuada, haciendo equipo y acompañando al niño. Es normal y se evidencia que tanto papá como mamá también caen en cuadros de ansiedad, lo cual está bien. El plan es que el niño aprecie la ansiedad como algo normal que a todos nos ocurre y que desde su punto de vista no debería representar un problema de tal magnitud que no se pueda manejar o controlar.

1. No se trata de eliminar la ansiedad, es buscar cómo manejarla

A ningún padre ni a cualquier otra persona le gustará ver a un niño triste. Una manera clave de socorrer a los niños a manejar y superar los problemas de ansiedad es enseñándoles a aprender cómo tolerar esta afección. Más aún si se encuentran en crisis y saber identificar cuando esta se pretenda manifestar. De esta forma, los cuadros de ansiedad mejorarán o desaparecerán con el transcurrir del tiempo.

2. No evitar situaciones porque producen ansiedad

Una manera de reforzar la ansiedad a largo plazo y que esta se fortifique, es evitar aquellas situaciones o circunstancias que la producen. Si ayudamos al niño a evadir una y otra vez un episodio de angustia, esta se podrá arraigar aún más y establecerse con más fuerza. Y si está el caso de que el niño llora por una perturbación real y los padres lo retiran del lugar, va a aprender a utilizar el llanto como mecanismo de defensa para repetir el ciclo.

3. Proponga intenciones positivas factibles

No podemos garantizarle ni prometerle al niño que disfrutará muchísimo cantando toda la tarde, que no saldrá mal en ningún examen o que alguno de sus compañeros no se reirá de él en la clase de teatro.

Lo que sí está en nuestras manos como padres es motivar y darle seguridad, estimulando a que gracias a su confianza y autoestima pueda manejar la situación y salir muy bien de ella. Esto le causará y le brindará una conducta optimista, segura y de gran confianza, ya que se trata de expectativas posibles y objetivas.

4. Entender sus emociones, no fortalecerlas

Tengamos muy presente que aceptar una situación, no quiere decir precisamente que se está del todo de acuerdo. Podemos interpretar esto con el caso del niño que sufre coulrofobia, miedo a los payasos; y lo quieren llevar al circo; no minimice su miedo a estos artistas, pero tampoco los maximice. Escuche su argumento, sea empático, mostrando interés escuchando el porqué de su fobia y propóngale ayudarlo a estar juntos tratando de reír con el payaso viéndolo de lejos. Que el niño entienda su mensaje, en el cual reconoce su miedo y desea ayudarlo.

5. Evitar preguntas directas

La intención primaria es invitar al niño para que nos hable, comente y converse con confianza, vinculadas a sus sentimientos, lo que no es aconsejable, es realizar preguntas personales directas que puedan causarle confusión y estrés. Preferiblemente que el niño se exprese conforme a sus motivaciones. Preguntas como: "¿Tienes miedo de ir al doctor? ¿Te preocupa que apaguen la luz?". Para no caer en una alimentación enérgica del ciclo de ansiedad, diríjase al niño con preguntas abiertas como: "¿Cómo te sientes bajo la luz?"

6. No fortalecer sus miedos

Estamos seguros de que los padres no querrán transmitirles a sus hijos ningún tipo de temor. Tampoco infundir miedos con su tono de voz y volumen al hablar o con lenguaje o expresión corporal, parado frente al niño inclinado sobre él y con fuerte voz decirle: "No te subas al columpio, te vas a caer".

Si en algún momento de su vida, el niño experimentó una experiencia desagradable con un columpio, la próxima vez que vaya al parque, no se va a acercar; y papá o mamá estarían ansiosos de ver al niño en el parque cerca de los columpios. Estarán preocupados por lo que pueda suceder según el miedo transmitido, tal vez sin querer; pero ya activado en el subconsciente del niño.

7. Orientar al niño a tolerar su ansiedad

Es importante que su hijo sepa que sus padres valoran los esfuerzos, voluntades y empeños en tolerar la ansiedad y demás sentimientos de tribulación y angustia que le pueden invadir, de esta manera el niño se sentirá con voluntad y entusiasmo a emprender en sus motivaciones.

Esto representa una gran ayuda en alentarlo a tomar acciones positivas para su vida y de alguna manera dejar la ansiedad a un lado para que ella fluya de manera natural. Esto es lo que los expertos llaman "curva de habituación", que representa una disminución con el tiempo. Tal vez no llegue a nivel 0, pero lo hará paulatinamente hasta llegar a un punto de tolerancia esperado.

8. Acortar el periodo de anticipación

Cuando vamos a afrontar algo que nos genera miedo, la fase más complicada y tensa, o tal vez lo más difícil, es precisamente el tiempo previo a hacer lo que nos da ese miedo que nos acompaña de tan solo pensar lo que nos viene o toca hacer. Así que, en el caso del niño ansioso, apliquemos una maravillosa regla de oro, que para los padres consiste en suprimir o minimizar, ese período de anticipación; el cual ilustraremos como sigue con un sencillo ejemplo:

Si el niño ha entrado en un episodio de nervios y ansiedad porque le corresponde hacer una exposición hablada en clases y no quiere asistir, lo más conveniente será evitar el dilema o discusión de ir o no a clase tres horas antes de salir. Esto aumentará los niveles de ansiedad. Como padres, solo hagan lo posible por acortar el periodo de anticipación al mínimo.

9. Pensar con el niño

Muchas veces sirve y funciona como estrategia de gran ayuda en la relación del niño con sus padres, sostener una conversación sobre que pudiese suceder si todo lo que el niño cree y aquello que le genera ansiedad se llegara a convertir en realidad, considerando que parte de sus temores se basan en situaciones irreales.

¿De qué forma manejar la situación? Si el niño se angustia por dormir en una habitación oscura, podría llegar a preocuparse mucho más de lo habitual por lo que le pudiera suceder, si llegara a fallar la electricidad durante toda la noche. Sobre esto es necesario conversar con el niño.

¿Si la electricidad no llega durante toda la noche, qué harías? ¿Qué piensas qué harían tus padres por ti? "Llamaría a mis padres o ellos llegarían a mi habitación? Para muchos niños con casos de ansiedad, su incertidumbre se verá reducida, cuando cuentan con un plan alternativo, esto es para ellos saludable y efectivo.

10. Ofrezca opciones sanas para el manejo de la ansiedad.

Existen múltiples y variadas alternativas que le permiten al individuo manejar sus momentos de estrés y ansiedad de manera efectiva. También hay técnicas especiales para niños, con ellas la ayuda resulta efectiva para lograr desde muy corta edad manejar la ansiedad.

El niño tiende a ser muy perceptivo, todo lo aprecia y absorbe con gran facilidad, aprende por repetición; y también aprende a ser ansioso. Él con gran habilidad podrá darse cuenta si papá sigue molesto con su compañero de trabajo, y lo notará porque tal vez papá no pueda manejar o controlar el estrés al llegar a casa.

En estas circunstancias, lo más oportuno es dejar que el niño le vea afrontando la situación con calma, paciencia, tolerancia y sobre todo con verdadero control emocional. Una actitud contraria es contraproducente y extremadamente negativa para el niño.

Con la intención de conocer claves y técnicas que nos faciliten el proceso de combatir y lidiar con la ansiedad, especialmente en niños, cerraremos este capítulo con una excelente recomendación ancestral que será de gran ayuda para el grupo familiar. Especialmente en el que haya niños con problemas de ansiedad.

Existen infinidad de magníficas recomendaciones que podemos compartir y que son de gran utilidad para la familia; a partir de ellas podrá disponer de estrategias apropiadas con las cuales logrará minimizar el estrés por situaciones de ansiedad propias o que está padeciendo otra persona.

Vamos a continuación a dar un breve paseo a una de ellas que, hecha con disposición; será fortalecedora y muy placentera.

Respiración abdominal

Se trata de un pequeño ejercicio para controlar y ejecutar adecuadamente el proceso de la respiración, así pues de esta forma, se logra superar un poco la ansiedad. Este ejercicio tiene como objetivo principal, lograr respirar ya no con el tórax, sino con el vientre, se llama respiración abdominal.

En un lugar cómodo y fresco, siéntate relajado y en silencio, en una posición muy cómoda y tranquila. A continuación, coloca una de tus manos sobre el estómago y la otra mano sobre tu pecho. Inicia la respiración a través de la boca, frunciendo sus labios delicadamente, inhala profundamente y de la forma más natural posible, al máximo de tu capacidad, llenando de aire todo el abdomen y haciendo lo posible en que la mano ubicada sobre tu pecho no se mueva mientras inhalas.

Te invitamos a realizar este ejercicio de 3 a 10 minutos al día, todos los días. Con este ejercicio te relajarás, controlas emociones, oxigenas todo tu cuerpo, fortaleces el sistema respiratorio y aprendes a controlar la respiración.

Al hacer este ejercicio, intenta aumentar la tasa respiratoria para que de esta manera puedas generar más oxígeno en tu sangre y órganos en general. El aire es uno de los principales combustibles del organismo y toda esta actividad física pasiva le fortalece. Respirando adecuadamente hacia el diafragma de manera lenta y profunda podrás revitalizar toda la estructura de tu cuerpo.

Es importante entrar en acción junto con tu hijo previo o después de un episodio de ansiedad, sea cual fuere su caso y activar ejercicios de respiración.

Insistiremos en dar detalles sobre la respiración abdominal, también conocida como respiración de vientre. Se trata de una técnica de respiración lenta reconstituyente de oxígeno en sangre que consiste en inhalar lentamente mientras se llena el vientre. Se le ha designado tal nombre por el hecho de ser abdominal, ya que técnicamente se desplaza por el lado inferior del abdomen y no por la caja torácica.

Esta técnica goza de una gran ventaja y es la de promover la respiración con muchísima más amplitud, a diferencia de la respiración clásica que todos ejecutamos y que pasa únicamente por el tórax.

La respiración abdominal estimula el diafragma y permite una amplia expansión de los pulmones, por lo que la absorción del oxígeno y su proceso es mucho mejor.

Capítulo 10 :
Relación entre la tecnología y la ansiedad infantil

En los últimos años, la tecnología se ha convertido en parte fundamental e indispensable de la mayoría de los seres humanos. En este caso, la tecnología y el abuso de ella crea en los jóvenes y en los más pequeños de la casa una actitud no deseada que, en muchos de los casos, termina convirtiéndose en problemas de índole psicológica; tales como la ansiedad y la depresión.

Según algunos datos actualizados, tres de cada siete niños en edades comprendidas de ocho y catorce años sufren de desórdenes mentales debidos a la mala utilización de las mismas. Por esta razón, es de suma importancia para los padres tener en cuenta que el abuso y uso excesivo de las redes sociales y la tecnología en general, causarán depresión y ansiedad, ya sea en baja o alta medida.

Sí, sabemos muy bien que la tecnología es la herramienta de nuestros tiempos, sobre todo de los niños, ya que facilita básicamente cada aspecto de sus vidas. Por ejemplo, es extraño ver a un pequeño cogiendo un diccionario para encontrar el significado de alguna palabra desconocida. En caso contrario, lo primero que piensa y hace es conocer el significado de dicha palabra en el buscador de Google.

Lamentablemente, este pequeño detalle puede convertirse en una adicción, una adicción que se verá plasmada en el aislamiento familiar del niño; si no recibe la atención requerida para prevenir este caso, la relación entre la tecnología y la ansiedad infantil se hará totalmente evidente. Especialmente en los niños, provoca depresión, ansiedad y aislamiento social, lo que condenan pediatras, psicólogos y psiquiatras de todo el mundo. De hecho, uno de los principales retos a los que se enfrentan los padres hoy en día es enseñar a sus hijos a utilizar y gestionar el tiempo frente a los dispositivos electrónicos.

Manejar y gestionar el tiempo adecuado para que el infante se encuentre frente a la pantalla deberá ser estipulado desde un inicio, no luego de que el mismo ya haya pasado cierta temporada de su vida, utilizándose de la manera en que guste y desee. Sociólogos y psicólogos han afirmado que un 47% de los niños pasan aproximadamente once horas diarias en uso de la tecnología.

Si estas horas se desean organizar luego de que el niño haya creado adicción, no se obtendrá ningún resultado positivo. El niño ansioso se encontrará envuelto bajo patrones de ansiedad, depresión y violencia, tan solo con el hecho de pensar que sus horas frente a los aparatos serán reducidas. Por desgracia, este problema cada vez se hace más presente en casos familiares e infantiles, cada vez existe menos supervisión de la misma por parte de los padres, convirtiendo el aislamiento social de los hijos en un caso "normal" donde los pequeños no se relacionan siquiera con los familiares.

Es importante tomar en cuenta que claramente los adultos en casi el 100% de los casos de niños con ansiedad son los responsables, ya que se atreven a convertir la tecnología en una especie de "niñera" que no necesita un costo especial, y justo de ahí, es que llega el abuso.

Esto no solo se verá plasmado en ansiedad, el uso excesivo y descontrolado de la tecnología por parte de los niños puede derivar en problemas de salud, alteraciones del sueño, irritabilidad, bajo rendimiento escolar, aislamiento, migrañas, depresión... Y esto se refleja en el tiempo que se mantienen en contacto con los demás, el comportamiento que muestran hacia sus compañeros y los ancianos, o la falta de preocupación por su entorno, actividades escolares y tareas diarias.

El inicio de esta patología se podrá detectar con facilidad. Según informes, pequeños en edades comprendidas de tan solo seis y nueve años cuentan con ordenadores personales en sus habitaciones con puertas abiertas a una facilidad de un mundo tecnológico sin ningún tipo de supervisión.

Comenzando con este tema, no será de extrañar que nuestros pequeños no se atrevan a salir de sus habitaciones y mucho menos puedan mantener conversaciones en sitios sociales. El aislamiento diario que los padres les permiten en sus habitaciones, tarde o temprano, causarán estas patologías que deteriorarán su rendimiento en cada una de las actividades exteriores que no requieran de tecnología.

Es importante tomar en cuenta que, a partir de los siete años, el sueño del niño toma una etapa de madurez, esto quiere decir que próximo a estas edades, el ciclo del sueño deberá ser respetado y más que respetado, deberá cumplir como mínimo con las ocho horas diarias. Comentado esto, queremos entrar a un punto interesante que claramente afecta a porcentajes importantes de niños que padecen ansiedad debida al mal uso de la tecnología.

Vamping: Abuso de la tecnología antes de dormir.

Es un "fenómeno" actual que se ha vuelto mucho más común en los últimos años, especialmente en adolescentes, pero también entre los niños que no se quedan atrás en padecer este fenómeno que afecta directamente el rendimiento de su sueño. Esto termina provocando consecuencias en su salud mental e incluso física, el insomnio, no dormir correctamente, generará en los niños con ansiedad cada vez menos ganas de cumplir con sus deberes y actividades escolares.

Un niño con restricciones del sueño por uso de la tecnología se verá mucho más afectado que un joven o adulto común, ya que su cerebro y organismo está en constante desarrollo. Incluso disminuirá la producción de melatonina en un 90%, reduciendo sus hormonas de crecimiento mental, afectando su sistema inmunológico.

Esta "práctica" no solo generará ansiedad y depresión en el desenvolvimiento social del infante, sino que, además, las afectaciones físicas se verán plasmadas en la subida de peso, ya que la segregación de la melatonina está totalmente alterada inquiriendo en los hábitos alimenticios provocándoles ansiedad en el consumo excesivo de dulces y grasas.

Un insomnio provocado por algo que se puede controlar con facilidad llevará a una fatiga diaria y constante que no permitirá la correcta oxidación de calorías. No cumplir con las horas necesarias de un sueño adecuado llevará directamente a los cambios de humor, al desánimo diario, al estrés, y en muchos casos, a que el niño opte por comportamientos totalmente agresivos. Si no se corrigen en el momento adecuado, creará fuertes problemas de ansiedad que se desenvolverán en fatiga, dolores de vista, falta de apetito, concentración, y alteración de las actividades cotidianas.

El ciclo del sueño estará totalmente alterado, el organismo y el cerebro nunca se encontrarán en descanso. Si los mismos detectan altos destellos de luz en las horas donde se debería estar descansando, asimilará que aún es de día, provocando un constante insomnio. En las horas de sueño no solo será importante cuántas horas se descanse, más allá de eso será la calidad del mismo.

El proceso antes de acostarse a dormir deberá ser tomado como un "ritual" importante, el cual debería incluir el desuso de la tecnología mínimo 45 minutos antes de ir a la cama para que de esta manera nuestro organismo ya se encuentre preparado para un sueño reparador sin interrupciones.

Un descanso idóneo y correcto se verá representado en ventajas diarias del pequeño, tales como el desenvolvimiento correcto en cada una de sus actividades. Esto lo convertirá en una persona productiva que reaccionará ante cada situación con rapidez y lucidez previniendo lo que deseamos evitar: la ansiedad.

Pero, ¿acaso podemos evitar el Vamping en nuestros pequeños?

Será mucho más fácil evitarlo en el momento preciso que los niños entren en el mundo de la tecnología antes de que estén completamente inmersos en un mundo de adicción tecnológica. Evitar el Vamping en los más pequeños de la casa es sumamente fácil siempre y cuando se establezcan y estipulen horarios adecuados para el uso de la misma. Estos no deben exceder las cinco horas diarias, enfocados, por ejemplo, en un juego online que no atribuya realmente nada positivo para su crecimiento.

- Es de suma importancia tener en cuenta que hay que establecer límites y horarios.

- No permitas que tu pequeño vaya a la cama con el móvil, además de ser una tentación para su uso, estará expuesto toda la noche a ondas radioactivas y descargas eléctricas que, en un plazo considerable, afectarán su salud.

- Toma en cuenta crear hábitos familiares saludables desde la infancia para que permanezcan hasta la adolescencia y adultez. Fomentando de esa manera rutinas que incluyan tiempo de calidad en familia.

- No dudes en inculcarle a tus pequeños la lectura, el deporte o, por ejemplo, el aprendizaje de nuevos idiomas.

- Asegúrate de que para ellos sea por gusto y no por obligación, de esa manera tendrán beneficios mucho más allá de estar frente a una pantalla.

- ¡Recuerda! Antes de cumplir todo esto deberás dar el ejemplo, no podrás decirle a tu pequeño que no duerma con el móvil a un lado si tú lo haces.

El empleo de aparatos tecnológicos en los pequeños está dividido en tres: internet, móviles y videojuegos que en muchos de los casos terminan generando adicción debido al mismo tema de que no tienen estipulado un horario de utilización correcta, por esa razón, necesitan más y más de ellos convirtiéndolos en niños totalmente ansiosos, depresivos y violentos si alguien se atreve a restringir su uso.

Cuando llegan al punto de uso excesivo sin supervisión, el cumplimiento de sus deberes se convierte en algo totalmente difícil para ellos, ya que no tienen una orientación en la organización de sus tareas, esto genera en ellos ansiedad y depresión, puesto que, se les vuelve casi imposible cumplir con los deberes y exigencias.

Sin embargo, por otro lado, en ellos no existe ni el más mínimo interés en solventarlo y siguen alimentando su ansiedad, distrayéndose con sus aparatos tecnológicos, afectando totalmente su desarrollo integral.

Los cambios que ocurren en la calidad de vida de los estudiantes y los efectos en la salud debido a los altos niveles de uso de móviles u ordenadores incluyen: migrañas o dolores de cabeza, sensación de temperatura corporal alta, aburrimiento en algunos casos al no encontrar otro tipo de actividad a realizar, fatiga, visión agotada, pérdida de concentración al realizar otras actividades, síntomas de náuseas, depresión, ansiedad, y por supuesto, trastornos del sueño e insomnio.

La ansiedad de utilizar constantemente el ordenador no solo afectará la salud mental, sino que además empezarán a aparecer los siguientes cambios y síntomas. Algunos de ellos son; dolor de cuello y hombros, dolor de cabeza, irritación de los ojos, tensión relacionada con la posición estática del cuerpo solo con movimientos repetitivos de manos y brazos, dedos, para actividades únicamente digitales.

Ver televisión o trabajar con la computadora por más de una hora sin interrupción induce el sedentarismo y la obesidad con sus efectos adversos en los niños que abusan constantemente de su uso.

El cambio de la utilización de cualquiera de estos tres dispositivos es la sobrecarga cognitiva y la fatiga debido al enfoque mental y al uso constante de estos tipos de tecnologías. Esta variación es bien conocida por las respuestas de estrés psicofisiológico que incluyen todos los síntomas anteriormente mencionados.

Aparecen también altos niveles de desesperación y ansiedad, por ejemplo; si el juego que el niño desea jugar demora en cargar o requiere de alguna actualización de software que no requieran al momento. Todo debido al mal control de las emociones que se pueden ver altamente relacionadas con la falta de sueño y trastornos del mismo.

El uso compulsivo y la adicción de las redes se verán directamente relacionadas con síntomas de depresión que, al contrario de disminuir el uso, solo lo aumentará, provocando un uso compulsivo durante la navegación y emociones negativas cuando no pueden acceder a Internet.

A nivel conductual, los videojuegos, redes sociales o Internet activan el sistema de recompensas del cerebro. Este método de "premios", que libera dopamina cuando logramos algo o hacemos algo placentero, es sobre estimulado por recompensas rápidas y libera más dopamina. Eso hace que los busquemos cada vez más, requiriendo más horas, deseando emociones más intensas y dejando de lado otras actividades que no incluyan algún tipo de tecnología.

Especialmente a nivel psiquiátrico, abusar del uso de internet provoca problemas de sueño, problemas cognitivos, problemas familiares y laborales, ansiedad y depresión. En términos de aumentos en la agresión y el crimen, varios estudios muestran que una persona adicta al Internet puede desarrollar problemas de agresividad (aunque algunas personas dicen lo contrario).

Cuando se trata del trastorno por déficit de atención con hiperactividad (TDAH), hay estudios que nos dicen que puede causar sensibilidades individuales, así como estudios que usan juegos específicamente para ayudar a niños y adolescentes con TDAH. Las personas con TDAH también tienen un mayor riesgo de adicción o adicción a los juegos que terminan creando una fuerte ansiedad.

Aunque es bien conocida la estrategia de limitar el número de horas de uso continuado de ordenadores y videojuegos, no es la única estrategia. La solución no puede ser limitada. También puede ayudarnos a jugar videojuegos que elijan con nuestros hijos, hacer un seguimiento de lo que elijan, instalar bloqueadores webs o de aplicaciones para que los padres puedan obtener informes sobre las horas dedicadas o la página visitada.

Pero quizás sugerir opciones de videojuegos como salir, hacer deporte o hacer amigos podría llegar a ser mucho más positivo y eficaz. Un niño con ansiedad por la tecnología podrá ser tratado con una enorme eficacia si en su rutina diaria se incluye una constante actividad física que le permita liberar aquellas hormonas que le provocan estrés y ansiedad. Dicho todo esto, es mucho mejor saber que siempre es mejor prevenir y supervisar justo en el momento adecuado para que nuestros pequeños no lleguen a este punto totalmente indeseado que puede ser evitado.

Es muy importante que como padre se aprenda a cuidar el espacio del hogar, relaciones sociales e intrafamiliares que permitan el adecuado desenvolvimiento en las relaciones con los más pequeños. No permitas que su mundo se limite exclusiva y únicamente a una pantalla donde podría estar expuesto a cualquier tipo de información que, sin la supervisión adecuada, podría llegar a ser totalmente negativa.

Recuerda que sin supervisión de los sitios que visita, podría llegar a navegar en páginas totalmente indeseables que podrían terminar afectando su salud y estabilidad mental.

Sí, sabemos muy bien que la tecnología es la herramienta de nuestros tiempos. Pero puede convertirse en una adicción, una adicción que se verá plasmada en el aislamiento familiar del niño; si no recibe la atención requerida para prevenir este caso, la relación entre la tecnología y la ansiedad infantil se hará totalmente evidente. Indiscutiblemente, la tecnología tiene una enorme influencia en las actitudes de un niño ansioso, provocando así que hasta una acción tan simple como apagar la consola, se convierta en una "labor" casi imposible para ellos.

Capítulo 11:
Diferentes tratamientos para afrontar la ansiedad

En la gran mayoría de los casos, los trastornos de ansiedad que merecen atención médica y que padecen todos los individuos, en especial los niños, se atienden y asisten a través de tratamiento farmacológico, el cual siempre va acompañado de terapia psicológica cognitivo-conductual. Todo ello bajo la evaluación y valoración médica profesional especializada en el área psico-emocional. La opción científica para afrontar la ansiedad.

Para procesar de manera efectiva y puntual, basada en estudios médicos, el tratamiento farmacológico es aplicado con la administración, primordialmente, de benzodiacepinas y ansiolíticos que, para el total de los casos clínicos, se corresponden a fármacos con prescripción médica, es decir; no está permitida ni autorizada su venta libre sin receta.

Mediante la terapia cognitivo-conductual se asiste el tratamiento psicológico, a través del cual, el terapeuta se dedicará a enseñar al paciente a entender, conocer y manejar la ansiedad para así controlar los miedos, cuestionando y orientando con base en su carácter irracional; generando una sustitución lógica por maneras de pensar mucho más racionales, lógicas y más realistas.

Adicionalmente, los trastornos de ansiedad con gran frecuencia suelen manifestarse de forma conjunta, lo que se le conoce como "comorbilidad", con otras dolencias, malestares o enfermedades. Por ejemplo, es muy común y resulta, por demás, bastante frecuente que, se dé una coincidencia lo suficientemente próxima con cuadros depresivos, todo ello en el 50% de los casos, según algunos estudios y balances realizados al respecto.

También asociado con abusos y problemas de bebidas alcohólicas, además de trastorno obsesivo-compulsivo. De igual manera, una asociación frecuente con el trastorno bipolar y trastornos psicóticos; dos condiciones mentales de profundo interés conductual emocional.

La aparición del trastorno de ansiedad se encuentra relacionado con otras afecciones y enfermedades de carácter no psiquiátricas, pero que resultan ser las responsables de un fuerte impacto emocional en la vida diaria del convaleciente, quien busca angustiosamente una vida sin alteraciones. Estas condiciones pueden ser enfermedades cardiovasculares, fuertes e irritantes cuadros gastrointestinales, afecciones y enfermedades respiratorias, fuertes e intensas migrañas y lumbalgia, entre otras; siendo estas las más comunes y más registradas en el historial médico de los pacientes.

Una forma también muy efectiva y además aplicada en el tratamiento previo para afrontar la ansiedad, es la terapia familiar y el acompañamiento. Es estar conectados en familia y unidos entre padres e hijos, en especial quienes padecen o están afectados por la ansiedad. Una serie de ejercicios y dinámicas interactivas hacen un fantástico preámbulo cuando padres y el niño, se dedican a entender cómo y de qué manera vivir con trastorno de ansiedad, estar alertas para cuando ya se anuncia la aproximación de un episodio de angustia o en el momento en que el miedo y la inseguridad se apoderan del niño, le invaden y le paralizan.

Cuando papá y mamá se ponen en los zapatos de su hijo afectado y él lo observa, lo nota y lo percibe; su carga se hace llevadera, tal vez un poco más liviana, por el simple hecho no sentirse solo y por saber que alguien está a su lado viviendo y sintiendo lo que significa un miedo, que por simple que este se vea, no dejará de ser amenazante para el niño.

Las dinámicas de respiración, relajación, meditación y actividad física; son excelentes aliados que nos ayudan a hacerle frente a los trastornos emocionales por ansiedad. Estas técnicas o actividades, bien pueden realizarse en solitario, en casa como fuera de ella, son de gran ayuda los padres, hermanos, familiares, amigos, maestros, instructores y terapeutas. Con todo ello se pretende buscar que el niño aumente su autoestima e incremente su confianza, sintiéndose cada día más seguro y determinado a actuar con mayor libertad, a ser más comunicativo, capaz de emprender y dispuesto a abrir las puertas de su vida, según su decisión y deseo de mejorar y sentirse más sano y saludable.

El apoyo a superar y tratar la ansiedad tendrá un gran amigo en la empatía por parte de sus allegados y en la resiliencia que el niño vaya aprendiendo a valorar. La empatía que le brindan sus familiares y conocidos, comenzando por sus padres. Estando identificados con el niño, caminando sobre sus pisadas y tratando de entenderle lo mejor posible para así conocer más de cerca sus sentimientos, miedos y emociones, para sentirlas juntos y ser su bastón en los momentos de debilidad.

La resiliencia es también un sentimiento humano, muy subjetivo y que nos brinda la capacidad de incorporarnos a cualquier tipo de situaciones, por muy traumáticas o negativas que esta sea. Es obtener de lo negativo la mayor cantidad de beneficios posibles. El mejor regalo y tratamiento que puede recibir un niño con trastornos y crisis de ansiedad, es el amor; en especial el de sus padres, la compresión de quienes le conocen y el respeto con admiración por parte de nuestra sociedad.

Un niño ansioso lleva una vida agitada, estresada, llena de miedos y grandes inseguridades; esto lo hace un verdadero soldado valiente y luchador.

Tratamientos y medicamentos para el trastorno de la ansiedad

Los trastornos de ansiedad se pueden tratar con varios tipos de fármacos: Algunos antidepresivos, principalmente ansiolíticos, son las benzodiazepinas y buspirona, así como otros fármacos como la pregabalina. Los primeros ansiolíticos tranquilizantes que fueron utilizados eran fármacos potentes, sedantes, que aliviaban la ansiedad, pero reducían el estado de alerta del paciente.

La ansiedad disminuía en gran manera, pero generaba una intensa cuota de somnolencia prácticamente permanente. Desde hace ya un poco más de 30 años, continúan apareciendo en el mercado farmacéutico más y mejores fármacos dirigidos, los cuales, alivian los síntomas de ansiedad, garantizando no tener que causar efectos tan adversos.

Los medicamentos solo deben recetarse en los casos en que los trastornos de ansiedad se vuelvan incapacitantes e interfieran con la vida diaria. El tratamiento básico de los trastornos de ansiedad se basa fundamentalmente en la psicoterapia.

Antidepresivos

Existen algunos fármacos antidepresivos que son inhibidores de la recaptación de serotonina y norepinefrina. Se prescriben en ciertas formas incapacitantes de ansiedad, ansiedad generalizada que evoluciona durante más de 6 meses, trastornos de pánico y fobia social. Existe una larga lista de medicamentos, estos son ahora los medicamentos prescritos de modo prioritario.

Su eficacia contra la ansiedad no es inmediata; se necesitan al menos de dos a cuatro semanas para sentir los efectos beneficiosos. Parece necesaria una duración del tratamiento de al menos seis meses para una curación duradera. La interrupción del tratamiento se realiza de manera gradual para evitar posibles efectos secundarios relacionados con esta suspensión.

La duloxetina - CYMBALTA y genéricos, puede ser responsable de problemas hepáticos y expone al paciente a un riesgo de suicidio. Las autoridades sanitarias consideran que su balance riesgo-beneficio es desfavorable en el tratamiento de la ansiedad generalizada.

Benzodiazepinas ansiolíticas

Las benzodiazepinas ansiolíticas actúan aumentando la capacidad de relajación y disminuyendo las manifestaciones físicas de la ansiedad. Su acción es rápida. No pueden constituir un tratamiento de fondo. Solo deben usarse por períodos cortos de doce semanas como máximo y a la dosis efectiva más baja posible, debido al riesgo de dependencia.

El tratamiento es revisado periódicamente por el médico. La interrupción del tratamiento se realiza de forma muy gradual para evitar reacciones de abstinencia, incluso en el caso de tomas a corto plazo. Es común sentir somnolencia al inicio del tratamiento. Atención, es preferible evitar conducir cuando se toman estos medicamentos.

Es bastante probable que las benzodiazepinas ansiolíticas desencadenen reacciones paradójicas con aumento de la ansiedad o deterioro de la memoria - amnesia anterógrada.

Otros ansiolíticos

- **La buspirona:** Es un ansiolítico que parece más eficaz sobre los signos psicológicos de la ansiedad que sobre los síntomas físicos. Puede tomar de dos a tres semanas para sentir sus efectos. La duración del tratamiento varía según el tipo de ansiedad que se trate.

Causaría menos riesgo de adicción, problemas de memoria y somnolencia que las benzodiazepinas.

- **La hidroxizina - ATARAX:** Es un ansiolítico de la familia de los antihistamínicos. Está indicado en manifestaciones menores de ansiedad. Su principal efecto adverso es un efecto sedante. Expone a un riesgo de arritmias cardíacas que imponen restricciones de uso en ciertos casos. El período de prescripción está limitado a 12 semanas.

- **La etifoxina - STRESAM:** Es un ansiolítico con una acción diferente a las benzodiazepinas . Más bien está destinado a aliviar las manifestaciones psicosomáticas de la ansiedad.

Fármaco antiepiléptico

Se trata de una sustancia que suele recetarse para la epilepsia, la pregabalina - Lyrica, ha demostrado su eficacia en el tratamiento de los síntomas del trastorno de ansiedad generalizada.

Este apartado no pretende hacer las veces de receta médica, ni mucho menos una guía sanitaria sobre qué medicamentos administrar ante un caso de niño con ansiedad. Es una referencia bibliográfica orientativa tomada en fragmentos de diferentes estudios explicativos médicos, especializados en enfermedades emocionales.

Opciones naturales efectivas para afrontar la ansiedad

La ansiedad tiende a ser en muchas ocasiones una condición bastante complicada de manejar. Por fortuna, contamos en la naturaleza con una variada y valiosa cantidad de plantas, aceites y esencias que nos pueden ayudar a llevar el control de las tensiones, presiones y estrés que la ansiedad nos genera.

Valeriana

La valeriana forma, con la pasiflora y el espino, el trío estrella contra los trastornos del sueño, asegura Daniel Scimeca, médico homeópata. También llamado "catnip", es ansiolítico, calmante y favorece el buen sueño. Su acción prolongada lo hace interesante para personas ansiosas e insomnes que se despiertan al final de la noche. Por otro lado, puede ser un poco sedante durante el día.

Manzanilla

La manzanilla no es una hierba central en el tratamiento de la ansiedad. Sin embargo, puede ser interesante contra los trastornos digestivos causados por la ansiedad. En aceite esencial, es muy delicado de manejar por su toxicidad. Mejor consumirlo en forma de cápsulas. En el té de hierbas, en cambio, perderá todas sus virtudes a causa del agua caliente que elimina los principios activos.

Pasionaria

Contra la tensión nerviosa, la agitación, la irritabilidad y la ansiedad, la Pasiflora es la planta ideal para tomar más bien durante el día. No hay inconveniente en tomarlo a diario, pero Dainel Scimeca aún recomienda tomarlo como una cura y tomar descansos para que el cuerpo tenga tiempo de adaptarse.

Bálsamo de Limón

Si tu ansiedad se manifiesta a nivel digestivo, la melisa es una muy buena planta. Favorece la digestión y el sueño y también es antiespasmódico y antimigrañoso. Por lo tanto, el toronjil es perfecto para las personas que tienen un sueño perturbado por espasmos estomacales. Se puede utilizar como aceite de masaje en el estómago.

Rodiola

Ampliamente utilizado en la medicina rusa, es conocido por su efecto antiestrés. Después de un cierto tiempo de exposición al estrés profesional y personal, el cerebro excede su capacidad de adaptación, lo que en particular provoca un agotamiento. La rodiola hace que el cerebro vuelva a ser capaz de adaptarse al estrés y las circunstancias difíciles.

Aceite esencial de lavanda

El aceite esencial de lavanda es perfecto para liberar el estrés y relajarse. Luego es necesario diluir de 2 a 3 gotas en un poco de aceite de aguacate o de oliva y masajear las plantas de los pies, las palmas de las manos o el vientre para las personas que sufren de colon irritable por ansiedad.

Precauciones y efectos secundarios

Debemos hacer énfasis en un aspecto, debemos prestar atención a la dosis porque, según el laboratorio, no se deben usar las mismas dosis. Por lo tanto, debe confiar en su farmacéutico. Además, no todo es adecuado para los niños, especialmente en lo que respecta a los aceites esenciales que pueden ser peligrosos para los niños pequeños si se utilizan o dosifican incorrectamente.

Conclusión

La ansiedad se ha convertido en un tema del cual, se puede hablar sin entrar en pánico. Como padres, tenemos la responsabilidad de ofrecer el mayor bienestar a nuestros hijos, y atendiendo a tiempo diferentes situaciones vinculadas a su salud mental, podemos garantizar un futuro más próspero y saludable.

Este libro ha sido elaborado desde la más profunda empatía, tratando de conectar con esa sensación de incertidumbre y desesperación que suele surgir desde el momento del diagnóstico. Utilizando las herramientas adecuadas y consultando en las fuentes correctas, podemos reunir la información suficiente para poder afrontar la ansiedad desde el amor, la empatía, la comunicación, y la unión.

Sabemos que nuestros hijos dependen de nosotros, y es por ellos que debemos prepararnos día tras día para los diferentes desafíos que puede representar la ansiedad infantil en el hogar. A lo largo de los 11 capítulos resumidos en este libro, compartimos diferentes técnicas que pueden ser eficientes para poder lidiar con la ansiedad, y aunque no todos los casos son iguales, y la ansiedad puede aparecer en diferentes grados, es un material referencial que puede ayudarte a solucionar algunos episodios o realizar una comparativa acerca de la gravedad de la situación.

En todo momento, exhortamos a contar con ayuda profesional, no sirve de nada utilizar únicamente este libro como solución absoluta, ya que, la evolución de tu hijo debe estar en manos de un experto. Como palabras finales, nos gustaría hacer una revisión rápida acerca de cuáles son los elementos que pueden ayudarnos a superar la ansiedad de manera progresiva. No es algo que se vaya a solucionar de la noche a la mañana.

Hicimos hincapié en la empatía, ya que, cuando empezamos a ver el mundo desde la perspectiva en que la ven nuestros hijos, es mucho más fácil entender sus miedos, fobias y traumas; o, aspectos que pueden desencadenar en un cuadro de ansiedad en el futuro. Fomentar la confianza en ellos, sin sobreprotegerlos o tratar de resolver es la vida en todo momento, es parte importante de combatir esta condición.

La principal coraza que debemos ayudar a construir, es precisamente su autoestima, ya que, un niño seguro de sí mismo, capaz, y con conocimiento acerca de cómo manejar ciertas situaciones, se sentirá útil, integrado, y dispuesto a seguir aprendiendo para evolucionar como ser humano. En la sociedad actual, existen múltiples escenarios en los cuales, es bastante sencillo que la ansiedad comience aparecer, de hecho, nosotros mismos podemos sentirnos identificados, ya como adultos, con algunas situaciones planteadas en este libro, que quizá, al no atenderse a tiempo desencadenaron miedos, traumas o bloqueos.

Es necesario enfatizar que la ansiedad en la sociedad actual, es una de las afecciones psicológicas más frecuentes, pero suele tratarse de manera tardía. Debemos ser responsables, y mantenernos atentos a los indicios y síntomas que puedan apuntarnos a alertas sobre un niño ansioso. Desde nuestra profunda sinceridad, esperamos poder ayudarte con los consejos y estrategias que te hemos compartido. La ansiedad infantil, es algo que puede generar fuertes dolores de cabeza para los padres primerizos, incluso, aquellos que desconocen totalmente la enfermedad.

Esperamos que puedas darle un uso adecuado a este material, logrando atacar los miedos inminentes a los que se enfrentan los niños modernos. Ya sean reales o imaginarios, ya que, es precisamente, la respuesta anticipada a ese peligro, la que debemos comenzar a observar. No debemos caer en la alarma de observar algo anormal y salir corriendo directamente hacia un especialista, pues, es natural reaccionar de manera preventiva o con cautela ante ciertas situaciones que nos generan miedos.

Lo que debemos estar atentos, es si esto es reiterativo, si en múltiples ocasiones y sin ningún tipo de estímulo, la conducta del niño se manifiesta alterada o descontrolada. Si logramos mantener nuestra atención alerta, y detectamos comportamientos persistentes y excesivos ante situaciones que no merecen la pena, entonces debemos contemplar la posibilidad de que necesite nuestra ayuda o soporte, o incluso la de un profesional capacitado y de nuestra confianza

www.ingramcontent.com/pod-product-compliance
Lightning Source LLC
Chambersburg PA
CBHW071629080526
44588CB00010B/1335